全球治理与全球城市建设

GLOBAL GOVERNANCE
AND URBAN CONSTRUCTION

郭树勇◎主 编 杜 峰◎副主编

时事出版社
北京

图书在版编目（CIP）数据

全球治理与全球城市建设/郭树勇主编. —北京：时事出版社，2020.1
ISBN 978-7-5195-0346-8

Ⅰ.①全… Ⅱ.①郭… Ⅲ.①城市建设—研究—上海 Ⅳ.①F299.275.1

中国版本图书馆 CIP 数据核字（2019）第 280805 号

出 版 发 行：	时事出版社
地　　　 址：	北京市海淀区万寿寺甲 2 号
邮　　　 编：	100081
发 行 热 线：	（010）88547590　88547591
读者服务部：	（010）88547595
传　　　 真：	（010）88547592
电 子 邮 箱：	shishichubanshe@sina.com
网　　　 址：	www.shishishe.com
印　　　 刷：	北京旺都印务有限公司

开本：787×1092　1/16　印张：14.25　字数：167 千字
2020 年 1 月第 1 版　2020 年 1 月第 1 次印刷
定价：85.00 元

（如有印装质量问题，请与本社发行部联系调换）

目　录

联合国与全球治理 …………………………… 吴红波（ 1 ）
中美关系的新变化与全球治理 ………………… 贾庆国（ 17 ）
中美关系四十年 ………………………………… 倪世雄（ 31 ）
国际社会演变、全球治理领导权的
　　转移与中国角色 …………………………… 郭树勇（ 53 ）
二十国集团、金砖五国以及其在国际组织中的
　　参与度 …［俄］安德烈·什列伯夫（Andrey Shelepov）（ 71 ）
加强全球治理
　　——从加拿大 G7 到 2018 年、2019 年 G20 的
　　　永恒话题 ………… ［加］约翰·柯顿（John Kirton）
　　　　　　　　［加］玛德琳·科赫（ Maderline Koch）（ 88 ）
即将到来的 G2 时代？对东亚国家经济与
　　政治发展的启示 …………………… ［韩］李洪杓（102）
东北亚和边界研究 …………………… ［日］岩下明裕（111）
国家和城市治理现代化
　　——以机构改革的演化为例 ………………… 竺乾威（121）
全球化时代的城市政治与行政 ………………… 桑玉成（137）
迈向卓越的全球城市
　　——《上海市城市总体规划（2017 年—2035 年）》
　　　介绍 ……………………………………… 廖志强（147）

1

改革开放以来上海城市管理经验 …………………… 彭燕玲(165)
非洲城市化进程中的人口、交通与
　　基础设施建设 ………………………………… 杨　民(175)
日本社区政策的演变 ……………………………… 俞祖成(185)
城市与气候变化
　　…………… [美]埃克里·J. 海基拉（Eric J. Heikkila）(198)

联合国与全球治理

吴红波

一、联合国与全球治理

（一）全球治理中的联合国

关于全球治理的普遍共识是在二战以后逐渐形成的，而全球治理体系中的核心就是联合国。从二战结束到现在，我们一直高喊在国际事务中坚定支持以联合国为核心的全球治理体系，拥护联合国宪章。但是我们也要认识到全球治理体系不仅包括联合国，也包含了在联合国领导之下的诸多国际事务组织，如世界贸易组织，还有诸如以世界银行和国际货币基金组织为依托的全球性金融治理体系。必须明确，联合国是一切组织依托和发展的基础，是全球治理体系中的核心与基石。

联合国于1945年成立，成员国总计51个，波兰是最后一个，波兰在联合国筹备期间没有签字，后来补签成为第51个成员国。在20世纪50年代，联合国人口总数为23.5亿，但经过半个多世纪的发展，到目前为止联合国人口总数已达到76亿。由此可见，联合国在不断壮大，我们全世界的人口也在不断增长。

从整个世界的发展与演变来看，以1990年为界分为两个阶段：1945年到1990年期间，是属于东西方之争，是在以苏联为代表的东欧集团和以美国为首的西方阵营进行政治斗争，也就是意识形态之争。在1991年苏联解体、东欧剧变以后，这个斗争就出现了实质性的变化，以碎片化为主要特征的新斗争——南北之争，也就是南方广大发展中国家与北方发达国家之间进行斗争。

在这方面，联合国做了大量的工作。从成立以来，联合国持续为全球80多个国家提供了8000多万吨粮食救济，另外为世界45%的儿童注射疫苗，每年注射疫苗保护了300多万人的生命。众所周知，由于二战造成的难民人数一度高达5000万，联合国也为解决这一问题而不断地努力，在过去70年的发展中保护了6000多万因战争饥荒流离失所的难民，效果是显著的。但令人失望的是直到今日难民人数已经激增至6700万，远远超过二战之后的难民人数。当前如何解决非法移民或因战争而导致的难民也成为一个紧迫而急切的问题。

有些人觉得联合国是一个清谈馆，曾经有这么一个顺口溜："说了也白说，白说谁不说，大家都来说，不说白不说。"我在没加入到联合国之前也有着与上述说法相一致的看法，在没有具体从事多边外交的时候，我认为双边外交更加具体实在，能一步一个脚印地落到实处，比如我们和俄罗斯的关系以及英国的关系等等双边外交关系，直接明了地与对象国进行沟通协商谈判。在这过程中，我们外交人员往往既有为一项条款落实的成就感，也有历经数日而没有进展的挫败后的沮丧。但在国际会议上，往往在发言之后出现有些代表听不清、有些代表不理解的情形，沟通过程中充满了各种各样的复杂情况，导致最后的协商结果不理想。

在参加联合国的工作之后，我对这个问题有了更加全面清晰的认识，也进一步认识到联合国存在的价值，更重要的是，真切地感受到了联合国存在的意义。我想在这方面将我的个人思考的一些想法，从不同角度与大家进行交流分享。

第一，联合国拥有着193个成员国，是世界上最大的政府间组织。联合国的不可替代性由此可知。换句话说，假如明天联合国解散了，后天国家和国际组织就会坐在一起商量我们要再搭建一个平台。就像我们这个房间，来的同学要么在里面坐着，要么就在外面呆着，要么就没地方去。但是我们需要这么一个房间来进行交流，所以我们就要创造一个地方。也就是所谓的全世界的国家和政府需要这样一个平台，也是其他平台所不能代替的。

第二，我们必须明确联合国的法律权威性。在国际法与国际关系的研究与实践过程中，我们都有这一基本的底线——《联合国宪章》。而其他国际间法律条约准则也是由《联合国宪章》派生的，在外交文件中常常提及的一句话"某某国家或个人的行为违反了《联合国宪章》及其精神"，也就是说《联合国宪章》是世界各国认为规范国际间国家行为的准则。所以说联合国的权威性是不可替代的。

第三，从全球的行动能力来理解联合国存在的必要性。联合国大会或者安理会通过决议将对某个国家实施制裁，那么所有的成员国都将遵守制裁决议。如第一次海湾战争，联合国授权多国联军把伊拉克赶出中东，这是其他国际组织所没有的权力。

第四，在制定全球的行为规则方面，联合国有其特有的优势。《2030年联合国可持续发展议程》对今后15年怎样发展、如何发展都做出了指向性的规定。《巴黎气候变化协定》也明确提出关于二氧化碳排放量的限制、各个国家减排的份额等等，都是属于联合国带领下制定对其成员国具有普遍约束力的行为规则，如果由其他组织来推动，执行力与效率将降低很多。

第五，联合国有关评审有着极大的影响力。举一个具体的例子，在2003年非典来临之际，世界卫生组织对中国的非典情况发出了一份通报。一夜之间，中国的海关就门可罗雀，里面的人出不去，外面的人进不来，这对我国的外交影响是十分巨大的。另外联合国人权理事会，对某国的人权状况进行评估，不管你同意与否，都会在国际上造成很大的影响，这就是其他国际组织所不具备的能力。

第六，联合国对于中小国家十分重要。大国可以搞自己的俱乐部如G20、G7等等，但小国如何应对呢？有些国家全国人口仅有1万多人甚至比咱一个大村儿还小，它总得有一个地方说话——联合国。所以小国特别欢迎联合国，因为联合国提供了一个公平公正的平台让它们发声，同时也积极地维护无论大小贫富各个国家的利益。

但是联合国也有其局限性。首先就是它的行事方式，大家都认为联合国的话语性不强，执行力低，尤其是对某些霸权国家的约束不够，甚至没有约束。其实这是由于联合国的制度所决定。联合国采用协商一致的办法来处理多数问题，也就是说必须取得大家的一致同意，其更深层次的意义就是必须妥协。比如说一个文件的第一段第一句话，只要有一个国家说不行，就必须要改。到了第二段，另外一个国家说这个地方我们不认可，也必须要改，否则就不通过。在经过激烈的争论之后得出的文件往往是既没有针对性，也不具备太多的实践意义。

联合国有一个安理会，同时也有一个联合国大会。联合国大会上大家都有发言权，13亿人的中国、12亿人的印度和1万多人的小国是同样的一国一票，但在联合国大会通过的多数的文件往往缺乏约束力。而安理会有15个国家其中包括5个常任理事国和10个非常任理事国，安理会处事效率高，拥有的权力大（动武的权力）。可是很多发展中国家就会不高兴，因为它们不知道你们在开什么会？比如经常会出现这种情况，小国大使在外面等着，安理会成员国参会人员出来之后，就会凑上去问："你们今天开什么会啊，会议内容具体是什么啊？"然后回去写文件汇报给自己的国家。70多年以来非安理会成员国就形成了一个普遍共识——改革。但是改革也有其难处，背后牵扯着诸多国家与国际事务组织的利益，其中的困难与压力我就不展开细说了。

同时联合国现在的行为主体也增加了，过去联合国就是主权国家的代表，一个代表和两个副手。但现在联合国纽约总部的会场人满为患，非政府组织大量涌入，凡是在经社理事会有磋商席位的非政府组织都要列席听会。哪个会场都可以听，哪个会场都可以看。所以在联合国往往是三四百个政府代表和三四千个非政府组织成员。如果仅仅是参会也不是问题，但非政府组织的代表经常要求发言而造成会场秩序乱、会议进程被打断等情况。

在西方有些非政府组织比较特殊。我们发现有的非政府组织就只有一个人，而且经常在联合国开会，不管哪个会他都要发言！我就想你到底代表谁呀？这就是现在比较特别的一个现象。相反，我们中国的非政府组织就不太活跃。在联合国也存在着一个与中国不太相同的文化。在中国大家很熟悉的一个政府现象——扯皮，发生一件事儿，第一反应就是马上想一想，是谁应该干的，如果不是我应该干的，马上推出去，这就是一种扯皮文化。而在联合国就变成抢活文化，只要跟这个项目有一点点关系也会去抢着做。我在联合国5年就从没愁过分配工作。我愁的是拉架拉不开，有的项目两个司、三个司争着抢着去做，因为一旦拿到这个项目以后就意味着有一个授权。授权之后就是资金和人员的分配，所以这些司长都在拼命争夺，慢慢的人数就增多了，联合国也就变得人满为患。

总而言之，联合国既有它存在的必要性，也有其改革的迫切性。

（二）全球治理的发展趋势

谈完联合国，我想着重讲一讲当前的全球治理。我们都清楚，当前阶段的联合国存在着很多挑战，同时国际局势有一些重要的发展。我想在这里谈谈我自己对国际形势、全球扩散治理的一些看法和一些大的发展趋势。

第一，国际多边政治体制受到严重的侵害。在美国总统特朗普上台以后，联合国就处于一个比较紧张的状态。比如联合国下属的人口基金组织在大选结果公布之后，马上召开紧急会议，研究如何应对新一届的美国政府。因为美国人对人口基金组织的态度十分不友好，历史上曾经一度中断其所有的捐款。如果一个组织的资金来源枯竭，那么其所面对的危机也会愈演愈烈。更加遗憾的是，联合国的文化也逐渐发生着变化，没有了国与国之间交往应具备的素养，相关人员也没有了沟通过程中应该具备的风度。其中最具典型的就应该是现在联合国的美国代表黑莉，她说"你们不是反对我吗，我要记名字了"，这就是公开的讹诈。

我在2017年担任联合国派驻G20的协调人员，协调人员只有观察权没有发言权，所以我们就在那里看了一幕一幕非常精彩的政治喜剧。以前在政治生态中从没有出现过的现象，而现在经常出现1∶19的局面——美国代表大战19个国家的代表。比如,在探讨交流峰会的整个报告时,文件上注明以"联合国宪章为基础,打击恐怖主义分子",美国代表不同意,要求将以"联合国宪章为基础"拿掉。同时要求在措辞中不出现"多边主义"等字样。法国、英国、德国等美国的同盟国家也不理解"带头大哥"是什么意思?其实美国人自己也很尴尬。作为职业外交官,我很清楚他是在执行特朗普的外交政策,但特朗普表述得也不清楚,推特没发出来,所以他宁可退两步自保,做得更加保险。"万一推特比我讲的还差呢?我不是完蛋了吗?"这就是美国代表的心理。但是这种外交方式对以联合国为首的多边治理体制的冲击是非常大的。

第二,关于世界贸易组织。我认为美国一直是"输打赢要"的行事风格。当年它雄霸全球获得利益时也没有谈到当前的世界贸易体系的不好,反而到了现在,一味的批判当年使美国获得巨额收益的多边贸易体系。在当年它获得利益的时候高喊着要进行世界贸易,到现在它又要退出世贸组织搞保护主义,这使我想起了什么呢?市井无赖。对它有利的时候,对别人有没有利它不管,一旦对它没利了,它认为尽管是不是曾经做过都一概否定,这不是市井无赖的行为是什么?所以我讲的第一个观点就是我们现在国际政治的治理体制受到严重的挑战。

第三,经济全球化的弊端逐渐显现。经济全球化和生产资料的全球配置以及整个商品生产的全球化布局确实创造了极大的财富,但是经济全球化的成果并没有为广大的人类所共享。不但是国与国之间的差距相当大,就比如世界上最富有国家的人均GDP是最贫穷国家的人均GDP的125倍,同时连国家内部也有很大的问题。最近联合国发布了一个公告说明美国还有4000多万贫困人口,这个数字同中国大体一致,但中国的人口基数更大。这个问题就是现在所谓的民粹主义、极右派主义等等所有新冒出来的激进派、极右派的群众基础。在2017年G20峰会的现场,当时的意大利总理曾经讲过一句话:"现在看着很平静,但是我们要注意大街上的百姓心中的不满在聚集,这对我们的执政是非常危险的。"后来的一连串事件诸如脱欧、特朗普现象以及欧洲的一些极右派走上了舞台,都是由于社会机制变化导致的问题。

第四,当代资本主义陷入了迷茫的危机。目前西方的很多问题很难得到有效解决。以民主选举为例,西方选举选出的领导人,最后选民自己也无法控制。坦率地讲,我认为西方的选举制度与中国的选举制度有一个很大的区别。这其中最重要的应当是程序正确,只要程序正确就一切正确,这种制度赖以纠正的基础是全民选举,同时也需要媒体的监督。但特朗普上台以后,多次使用激烈的言辞抨击媒体,从某种意义上来说也是遏制了媒体的监督作用。在中国,干部是依靠选贤任能的组织人事制度从事社会治理,我们选出的人都具有一定的地方治理经验。奥巴马其人,按照中国的选举制度来讲最多是一个县级市的市长。而特朗普连县级市市长,组织部都不会给他,因为他没有从政经验,这就是不同制度在选人和用人方面的很大区别。还有的西方学者表示,当前国与国之间的竞争已经不再是意识形态之争,而是治国理政的比拼,高喊着口号却没有实际行动的政客已经不再是当前世界的主流。所以治国理政是国与国今后打拼、竞争的一个非常重要的方面。

第五,有一点必须跟大家讲清楚,我们人类现在有一个共识,就是我们只有一个地球,同时我们现在的生活方式和生产方式是不可持续的,因此大家必须行动起来。我在2012年担任联合国副秘书长的时候,带了一个500多人的团队,讨论研究从2015年到2030年我们全球的发展应该是什么样子，当时我并没有多少信心。为什么？因为我在当大使的时候，菲律宾朋友跟我讲："把我们国家的三个参议员请到一个屋子里，只要他们能坐在一块5分钟你就胜利了。"这句话虽然有点儿夸张，但其实际意义在于政客有自己的政治需要，要让他们坐在一起取得一个共识非常困难。这只是一个小方面，由此可知，要在发展程度不同、政治信仰不同、有不同宗教背景的193个成员国之间达成一个15年的共同规划谈何容易？但却成功了！原因是什么？就是刚才讲的，无论是穷国还是富国，大家都意识到我们只有一个地球，必须要进行可持续发展。

联合国有个估计，以当前人类奢侈的生产消费方式，在本世纪100年中要想满足于人的发展需求，我们需要3—4个地球的资源。我们这一代把能源资源消耗光了，树砍完了，有没有考虑一下子孙后代的想法。当子孙后代将来只能到博物馆去看图像："松树是这样，杨树是那样的，我爷爷那辈儿还长得那么好，结果让我爹给砍了。"这就是悲惨的一个结局。所以在可持续发展方面，习近平主席在2013年提出的构建人类命运共同体与其一致。我们生存在同一个星球上，任何人做了违反可持续发展的事情，危害的不仅是一个人，而是大家的整体。我们要同呼吸共命运。我曾经在清华讲过关于可持续发展与构建人类命运共同体之间的关系，就是这个道理。

二、全球城市建设

（一）城市化的特点

全球治理是一个理念，我们要推行全球治理就必须有一个抓手，我认为其中一个十分重要的方面就是全球的城市建设。我们已经进入了以城市为主的时代，有几个特点我想具体先谈一谈。

第一，城市化发展的积极迅速。1950年世界上城市人口的总数为7.46亿，占到世界人口总量的30%，到2015年，城市人口达到39亿，占全世界人口总量的54%，并且是城市人口首次超过非城市人口，预计到2050年，全世界人口总量将达到98亿，同时城市人口将达到67%。

第二，1000万人口以上的超级大城市也在增加，中等城市演变为超级大城市的趋势也越来越明显。目前全世界超级城市的数量有28个，其中包括东京、柏林、上海、墨西哥、孟加拉、圣保罗、北京等，预计到2036年，全世界将有41个超过千万人口的大城市。

第三，城市化主要发生在亚洲和非洲。当代欧洲、北美以及拉丁美洲基本达成了现代化城市的标准。一般来说城市化的标准普遍在70%到80%之间。拉丁美洲的城市化最高，在85%以上，农村基本上已经没有多少人口。所以说今后以及下一个阶段，城市化主要在非洲大陆和亚洲进行。记得我在德国当大使的时候，柏林当时有300多万人口，但是在二战期间柏林的人口也是300多万，由此可见德国城市人口已经接近固化。

第四，机遇与挑战并存。城市的科学规划与生产力的良好运转，为城市提供了充分的就业机会和教育机会，也促进了科学技术的发展等等是不言而喻的。但是城市的淡水供应、环境污染、公共健康和拥挤的人口都面对着巨大的压力，有很多超级城市这些问题处理不好就容易出现大面积的贫民窟，这一点在印度非常突出。

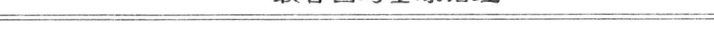

(二) 城市化的未来

关于城市发展过程中出现的问题，尤其是发展中国家在城市化过程中所面临的问题与挑战，我有以下几点建议供大家参考。

首先，我们必须秉持可持续发展的理念。当前每10年左右全世界人口大致增长10个亿，到2050年世界人口总量将增长到98亿。要实现城市的可持续发展，均衡城市发展过程中的不同需求，就必须实现经济稳定发展、社会共同进步、环境持续保护，经济社会环境三位一体、同步推进才能更有效地实现城市的可持续发展。

第二，在城市发展中要推动绿色发展。为什么要强调绿色发展，现在全世界大城市人口这么多，占到世界总人口的50%，但只占全球陆地面积的3%，而这占3%土地的城市却消耗了60%到80%的能源，产生了75%的二氧化碳。由此可见，如果不实行绿色发展理念，这占3%陆地面积的城市就变成了巨大的污染源。世界卫生组织出具了一份报告称，"全世界92%的人居住地上的空气高于联合国推荐的最低标准"，换句话说，92%的人都是生活在污染区之中的。

第三，全球正在进行新一轮的科技革命，建立智慧城市已经成为一种共识。产能革命正在进行，新旧技术正在交替，智能型技术取代劳动密集型技术，这对中国来说非常重要。我们知道，中国每年有2000万农村人口进城，所以今后城市化不仅是工业化的过程，而且是从传统的农业社会到信息化的新工业社会的过程。这对中国来说不仅是革命而且是历史性的跨越。人口的快速增长带动了信息技术与创新技术在城市大规模使用。

我们希望在今后的城市化过程中把数量型的人口红利转变为质量型的人口红利，来实现整个人类的进步。

第四，不提倡再继续发展的超大型城市。我给大家讲一个故事。在德国我当大使的时候，曾经想把德国所有跨国企业的总裁请到大使馆来座谈一次，我的秘书说："大使你的创意是好的，但事实上是不行的。"我问为什么？他说："人家的总部都不在首都，没时间到柏林来，而且那些总经理都不是一般人物，让他一起来，他还不干。"比如"大众"，它的总部在沃尔夫斯堡，那是当年希特勒在二战时期专门设立的城市，与其他城市并不接壤。"奔驰"在斯图加特，"宝马"又在巴伐利亚。这样就有一个好处，把整个就业分散开来，给不同地区创造不同的就业机会。同时企业在当地是纳税第一大户，当地政府会给予企业相对较多的优惠政策，企业也在当地带动了一个产业链，进一步促进了企业所在地的经济建设。

第五，让人们普遍享受到发展的红利。不仅仅是要求在城市建设中加大资金倾斜，大力发展城镇化，也要注重农村贫困人口的脱贫问题。我们现在进行精准扶贫，就是要让落在最后面的百姓享受到发展的红利，注重广大人民群众的普遍利益也是城市化过程一个非常重要的因素。

三、国际组织人员要求

最后我想讲一讲国际组织对于国际公务员的一些要求和考取国际公务员所需要具备的知识储备以及联合国选拔人才的程序。

（一）中国人在联合国

首先，我想对联合国的整体情况做一个说明。联合国有将近4万人，在2017年有3.96万人，5年前是4.4万人，现在有一些压缩。我把它分成三个层次。第一个层级就是联合国总部和它下面组织的一把手，中国在这方面经过努力这些年有很大的进步。比如联合国副秘书长刘振民，他是接替我主要负责经济社会事务的副秘书长，联合国工业发展组织（UNIDO）的总干事李勇、国际电信联盟（ITU）的秘书长赵厚麟、国际货币基金组织（IMF）的副总裁张涛也、国际民航组织（ICAO）秘书长柳芳女士、联合国教科文组织（UNESCO）副总干事曲星、前世界卫生组织（WHO）的总干事陈冯富珍也都是中国人。

第二个特点是中国籍人员在联合国的总数严重不足。我查阅了2017年联合国秘书处的资料，总数是3.9万多人，来自187个国家。这些人员可以分为三大类：第一类我把它称作行政文秘（general service），这类人占了58%；第二部分是专业人士（professionals），占32%，这部分是最重要的，联合国的人数是否达标，看的就是这部分的人数，而不是前面的行政秘书；最后是外勤，占10%。根据统计，在联合国的中国人有五六百人，但其中大部分属于第一类别，尤其是做翻译的（口译和笔译）。而第一和第三类人士是不受国籍限制的，因此我们谈论的是第二类专业人士里面的中国人。在这一受限制的类别里面，联合国根据国籍给中国分配的名额下限是164人、上限是222人，而我们现有的人数是81人，也就是说我们现有的人数连下限的一半都未达到。

第三个特点是我们的绝对人数少，但是我们的中级官员人数更少（仍属于第二类别的范畴）。在联合国总部，正司级官员（在中国相当于正厅局级官员，联合国叫 D2 – Direct Two Level）有156人，中国人占4位，其中有两位是我在任时任命的，副司级（D1）有538人，中国人占4位，其中的两位也是我在任时任命的，为什么不能提拔更多呢？是因为在联合国我分管的领域一共9位司长，我已经提拔了两位，其他司长分别来自美国、法国、德国、意大利、俄罗斯、印度、巴基斯坦、巴西，而中国是唯一的一个国籍两个司长。大家不难发现，高层我们做的不错，但在中级少得可怜。

（二）联合国人员的选拔要求

另外，联合国在面试、考试和问答环节的时候讲究三点：价值观念、专业水平和管理能力。

首先是面试者的价值观。但这个价值观不是指倾向于资本主义还是社会主义，而是看一个人的为人是否正直、是否有专业精神、是否能尊重不同的宗教文化或意见。

第二点是专业能力。包括把握议题的能力、能够取得实际效果的能力、敢于面对挑战和压力的能力。在实践中联合国做出的决议可能对一个成员本来的国籍国会产生不利的影响，在这样的情况下，是否能顶住压力就显得至关重要。

第三点是管理能力，中国人上不去与管理能力的缺失有关。很多同学觉得学好课本上的内容就已经万事大吉了，但是一旦到了国际组织中去，书本上的知识远远不够。比如联合国要召开一次会议，有193个国家的成员参会，要协调各国之间的立场，不同国家的集团（国家政府集团、欧盟集团、最不发达国家集团、77国集团、中等收入国家集团、非洲国家集团、小岛国发展国家集团）都有不同的利益和政策取向，能否处理这些集团之间的矛盾和冲突并非纸上谈兵之事。虽然专业能力强可以成为专业人士，但是要做官员还少了历练，这也是目前教育体系培训中的一个缺陷。

作为要进入联合国的中国人，除了以上几个方面，还要注意以下几点：

第一，要熟悉政策。就是要懂联合国的政策，有些事情不允许随意发挥，一味坚持自己的固有想法，比如我是中国人就要站在发展中国家的立场。在联合国宣誓的誓词里，有一段"只效忠联合国，在履行职责时不寻求也不接受来自任何政府或本组织外其他来源的任何指令"。事实上，联合国一共3.9万多人，来自187个国家，如果各自效忠自己的祖国，就没有人愿意听取意见和建议，这个组织第二天就散摊子了。但这也并不意味着其成员就无所作为，在很多问题上要去寻求最合适的解决措施。比如在南北问题上作为联合国秘书处应站在中立的立场，但可以思考如何协调甚至运用对国际规则的熟悉，从而保护发展中国家的利益。

第二，要了解国情。我们最近发现进入联合国的中国年轻人越来越多，大部分是留学归来后进去的。在国外留学首先是名校，比如哈佛大学、牛津大学、斯坦福大学等，学历基本都在硕士甚至博士以上。同时他们熟悉外国人的考试、面试，口语也过关，但是他们欠缺的是对自己国情的了解，有时候与他们进行交谈，会发现他们所说的和他们教授所说的是完全一样的。他们也热爱祖国，说自己是中国人，但是他们对中国国内的问题、发展中遇到的困难不甚了解。这部分人从小就被家中长辈视为掌上明珠，在无比细心的呵护中成长，部分幸运儿在大学甚至高中就出国了，在国外有西方著名的学者做导师，经过导师一通灌输，学生全盘吸收，对中国的国情实际并不了解。联合国不会提出要了解中国国情的要求，但是我认为作为中国人还是要了解本国的国情。

　　最后还要善于沟通、善于组织。这两点上面已经详细展开，这里就不再赘述。

中美关系的新变化与全球治理

贾庆国

今天我们要讲的题目是中美关系的新变化和全球治理，主要谈谈中美关系在最近一段时间的变化。在过去的几十年里，中美关系磕磕绊绊，但一直是朝前发展。现在两国关系应该说是非常密切，不光是经贸关系密切，人文、社会关系也非常密切。现在我们每年有35万人在美国学习，还有大量经商、旅游人士。两国之间在很多问题上存在共同的利益。两国政府的领导人都在积极地推动国际贸易自由化，都主张一个和平稳定的国际秩序。两国领导人都认为，对方是全球体系的利益相关者(Stakeholder)。在过去中国是在国际体系外的，1972年中美关系缓和了以后，中美关系逐渐变得越来越密切，中国开始融入国际体系，慢慢地变成一个越来越重要、在这个体系中有着重大利益的国家。

那么在过去的这些年里，中国领导人经常讲，要维护一个自由开放的国际贸易体系，要尊重联合国安理会的权威、维护国际法。中国政府的行为话语，这些年成为了国际体系中一个重要成员的行为方式。过去几十年中美关系也发生了重大变化，就是1972年以前两国是敌人，美国不承认新中国的存在，长期采取了对中国孤立和围堵的政策，主要还是由于朝鲜战争，以及两国关系的冷战。两国从20年前没有什么人员交往、经济往来，到现在关系密切，发生了非常大的变化。今天讲的内容大概有这么几个方面：一是中美关系的变化，二是这种变化对全球治理的影响，还有未来的中美关系和全球治理。

中美关系的新变化，最主要的就是关系全面恶化。不仅是经贸关系的恶化，在其他方面中美关系也出现了这种恶化的趋势。2015年美国有个非常有名的学者叫兰普顿，他说中美关系正处在一个转折点上（turning point）。向哪转呢？向坏的方向转。他讲完这个以后引起很多人的关注。中美关系现在可能要出现全面恶化的情况，主要表现在这几个方面：第一是经贸关系进入冲突期，正面冲突已经打开，打贸易战；第二是安全关系进入摩擦期；第三是意识形态进入对立期；最后是中美民间交往进入调整期。

第一是经贸关系进入冲突期，就是贸易战、投资限制、其他经济议题及发展方式上的施压，其实就是发展方式上出现了问题。首先是贸易战问题，好多人说中美要打贸易战，应该避免打贸易战，事实是这个贸易战已经开始了。

2018年6月16日，美国明确提出将对从中国进口的约500亿美元的商品征收25%的关税。其中第一批约340亿美元的商品自7月6日起实施，第二批约160亿美元的商品，待评估后确定。就说要征收价值500亿美元的关税，其中340亿美元是7月6日开始，第二批是160亿美元的商品。7月6日，作为反击，中国对同等规模的美国产品加征25%的进口关税，但是当然具体的商品不一样。中国征收关税，是针对它的农产品，还有一些是特朗普选区的产品关税。美国2018年11月份就要进行中期选举，那么对他的选区生产的产品进行关税征收，可能会在一定程度上影响他的选举。而美国征收的关税重点在我们"中国制造2025"等高科技领域。

7月11日,美国政府发布对价值2000亿美元的中国商品征收10%的进口关税清单。同日,中国商务部表示,美方以加速升级的方式公布征税清单,是完全不可接受的,中国政府将不得不做出必要反制。中国还向WTO起诉美国违反WTO规则的做法。所以贸易战已经开始了,不是说将要开始、会不会开始的问题。此外,美国商务部也将要"加强"出口管制,禁止关键技术销往中国。这些技术包括新能源汽车、机器人和航天航空等。这将进一步冲击中美贸易。

其实,美国打贸易战是非常不合理的一件事情。刚才讲中美贸易虽然非常不平衡,但这不是中国的错,主要是因为我们生活在一个全球化的时代,很多商品的出口价值实际上并不能反映这个国家真正的出口价值。像我们国家对美国出口的商品,它里面包含了很多从其他国家进口的零部件,还有技术专利等等。现在出口的产品百分之百不是在一个国家生产,尤其是制造业的产品,像汽车、飞机。美国的波音飞机有800万个零部件,全世界都在给它提供这些零部件。虽然产品是美国生产,但是它代表了很多国家。你要买一架波音747的话,等于它代表了很多国家的这种产品的技术。

特朗普还有一个问题,就是"美国吃亏论"。他老觉得美国吃亏了,别的国家占便宜,其实他的观点是讲不通的。实际上美国在过去这些年,应该说它是全球化获利最多的国家之一。美国在全世界范围内招揽人才。中国30多万人在美国留学,有相当一批人留在美国发展高科技。还有美国在全世界范围内进口商品,别的国家都以最便宜的价格卖给它。所以你在美国的商店里买的东西,包括那些名牌,可能是全世界最便宜的。以前中美有贸易摩擦,现在中美是打贸易战,而且这规模不会小,而且不光是中美在打，美国和全世界都在打贸易战，跟日本、欧洲都有在打。原来说美国是针对中国，其实不完全是针对中国，但对中美关系确实产生了非常大的影响。

还有就是投资限制，据说美国财政部正草拟法案，将限制中国对白宫所谓"产业关键技术"的公司投资比率不得超过25%。美国为什么会出台这个东西？还是担心中国把它的高科技带走。据路透社2018年6月28日的消息，美国财政部建议总统特朗普利用美国外国投资委员会（CFIUS）来控制投资交易，美国国会的新立法将加强该委员会的权力。特朗普为此表示，将加强国家安全审查程序，以阻止中国收购美国的敏感技术。过去美国在这个方面态度比较暧昧，好几届总统都说美国要放宽对华技术出口、高科技出口的限制，但1989年以后，美国政府对中国就加强了对高科技出口的管制。这些年，中国政府始终跟美国说，高科技可否更多卖给中国，这会大幅缓解中美贸易的逆差，美国政府始终说正在考虑。

其实这个事情并不是什么坏事。中国买了它的高科技产品，当然中国可能会仿制，但是美国公司也有了更多的钱去研发下一代的技术，所以从美国的角度来说这是个良性循环，也就是有了更多的钱去开发下一代的新技术，那么中国可能再买下一代的新技术，美国也有了更多的钱去开发再下一代技术，这样美国可以永远保持它的竞争优势。但同时美国也会担心中国买了技术以后通过学习就会超过自己，美国有这种担心也是很正常的。现在只要有这种可能性，那美国就不会放宽对技术的出口限制。

美国现在根本不会考虑放宽出口限制，而考虑的是如何收紧这个高科技出口。有一段时间，中国的公司找到一个捷径，就是你既然不向我出口这些技术，那我买你的公司，然后自己消化这些技术。现在美国把这条路给堵死了。美国的这个海外投资委员会是一个跨部门机构，叫CFIUS，负责评估外国在美国的投资是否会危害美国的国家安全。美国政府说，这个机构以前没有发挥很大作用，现在应该发挥很大作用，所以现在要加强这个机构的作用。在奥巴马执政后期，这个机构已经受到了越来越多的重视。那么现在特朗普政府更加重视通过利用这个机构来围堵中国公司。

根据市场调查机构荣鼎集团的数据，受中国信贷限制以及美国对中资交易审查的影响，2018年上半年中国投资额同比锐减92%到18亿美元。这里面有两个方面的原因：一是中国加强了外汇管制。有一段时间外汇例如美元大幅升值，人民币大幅贬值，在那样一个背景下，中国政府加强了外汇管制，所以限制了中国公司在海外投资。二是CFIUS发挥的作用。不久前美国的国会众议院以400票对2票的优势通过了一项旨在加强CFIUS的议案。

中美关系在经贸问题上，不光面临贸易战和投资限制这两方面的问题，还有一些其他的问题。一个是要求中国降低关税。特朗普有一次讲话就说，中国的汽车关税是25%，而美国的关税是2.5%，这太不公平。中国的汽车为什么那么贵，就是因为征收的关税。

还有市场开放问题。特朗普认为中国的市场还是不开放，当然这跟关税有关系，也跟其他的所谓非关税限制有关系。比如说你要向我这儿出口产品，我可能觉得你出口太多了，于是就加强检查、检疫（尤其是农产品的检疫），接着说你的产品可能有一种病毒不能在此生产。各国都有这种非关税的限制措施。美国人认为中国的关税也好，非关税也好，限制还是太多。

再一个就是知识产权保护问题。这个问题实际上中国已经做了很多努力，但是还达不到美国的要求，达不到西方国家的要求。应该说大多数国家的要求就是发达国家的要求，因为它们是知识产权的提供者。当然，这些年我们慢慢的在一些问题上也成为知识产权机构。中国为什么开始重视知识产权、保护知识产权，因为中国要成为一个创新型的国家，这样就必须保护知识产权。否则的话，哪个公司愿意投资开发新技术？哪个科研人员愿意用一定的精力去开发一些新技术，然后都让别人盗走、滥用，这会严重打击它的积极性。所以这些年中国要发展成为一个创新型国家，它就必然要加强对知识产权的保护。

另外就是政府采购，美国政府一直抱怨中国的政府采购排斥其他公司，这不公平。中国好多年以前签署了一个联合国关于政府采购的开放协定，为什么？因为中国也参与了他国政府采购的招标。既然对中国国资有好处，中国开放政府采购是一件顺理成章的事情。有一段时间我们报道说美国军队的贝雷帽是中国生产的，是通过美国政府采购的系统进入的。也就是说，别的国家政府开放政府采购，中国公司可以在这里竞争，那么中国政府采购也可以面向外国公司来进行招标。这样的话可以买到质量最好、价格最便宜的东西。但是中国政府一直没这么做。

当然这里面有很多考虑，其中一个就是安全考虑，但是这个考虑适用于某些商品，不适用于所有的商品。比如说电脑可能涉及到国家安全机密，采购了外国公司生产的电脑，可能会导致泄密。但你买个纸张，总不见得如此，买个办公家具也不涉及国家安全问题。特别是计算机耗材，比如墨粉等安全担忧就不那么必要了。因此美国能开放，中国也可以更加开放。中美在这个问题上就有一定问题。当然还有很多其他经贸方面的问题，另外还有一个更大的问题，就是发展方式问题。

在经贸问题上，现在美国人老听说《中国制造2025》。那么《中国制造2025》是什么呢？它是中国政府实施制造强国战略的第一个"十年行动纲领"。它提出通过三步走的战略，实现制造强国的目标。第一步，到2025年迈入制造强国行列；第二步，到2035年中国制造业整体达到世界制造强国阵营中等水平；第三步，到新中国成立100年时，综合实力进入世界制造强国前列。围绕实现制造强国的战略目标，《中国制造2025》明确了9项战略任务和重点，提出了8个方面的战略支撑和保障。2016年4月6日，在国务院总理李克强主持召开的国务院常务会议上，通过了《装备制造业标准化和质量提升规划》，与《中国制造2025》相对接。

现在美国人非常关注这个问题。我最近这几年去美国，他们就经常跟我提《中国制造2025》，觉得这是对美国的威胁。每个国家都有发展制造业的规划，比如德国有"德国制造4.0"。为什么中国提出的美国就那么关注和反对？它认为我们两国的体制不一样，别的国家政府制定一个规划后，是靠市场来实现，中国是靠国家力量来实现。那么国家一旦确定了这样一个规划，它就会补贴中国的企业，这样就会在市场上制造不公平，让中国的企业占上风。别的国家不是这样，别的国家要补贴的话是全面的，而中国只补贴自己的公司。

在这种情况下，别的国家认为你补贴这么多，实际上就把别的国家的高端制造业赶尽杀绝，所以它们坚决反对。美国反对《中国制造2025》，反映了中美两国发展不同导致的冲突。美国经济是市场主导，也有国有的部分，但是很少。中国经济是政府主导，中国也有很多私营、合资、民营企业，但是说到底还是政府主导。这就是两种不同的经济发展方式。

那么以前中国按这种方式发展的时候，美国为什么并无微词？因为美国过去一直坚持自己的经济发展方式，信心比较大。2008年金融危机以后，美国人开始怀疑自己的经济学理论，再加上中国经济这些年确实发展起来了，而且规模越来越大，所以美国政府就认为这跟政府干预有关系，开始反对"中国制造2025"，实际上就是反对中国。这个发展方式之争，将成为中美关系中一个非常重要的方面。不仅是特朗普政府反对，美国的大部分精英都反对，不仅是现在，将来预计还是这样。

第二是安全关系进入摩擦期。中美在安全问题上有很大的分歧。首先是关于核心利益问题，南海是不是中国的核心利益？中美两国在对核心利益的理解上有程度上的差异。中国人的理解是这很重要，而美国人则将其理解为可以不惜一切代价来捍卫。当前出现了部分中国学者将南海问题表述为核心利益的现象，而中国官方的立场一直没有变，一直强调中国拥有历史性权益，中国权益涉及九段线内的岛礁和海洋权益。美国则对南海是"核心利益"的提法高度警惕，认为是中国在南海进行领土扩展的先兆。

其次是对公海航行自由原则的解释，包括公海航行自由是否囊括专属经济区的问题，以及在靠近海岸的公海内，军用和情报部门的飞机和舰只的航行问题该如何界定的问题等。美国认为其拥有在靠近公海海域进行侦察监听的权利，而中国则在认可民用船只通行权的同时，反对军用船只进行抵近侦察和监听，军用船只通过的时候需要进行必要的照会。面对中国的态度，美国表示其对墨西哥比对中国的抵近侦察更多，中方无需过度反应。仔细来看，美国的抵近侦察无非是希望通过维护国际秩序来维护自身权益，而国际秩序的维护需要情报的支撑。

三是海礁建设方面，会不会造成海礁性质的改变？岛与礁不同，岛是有12海里的领海和200海里的专属经济区的。中国

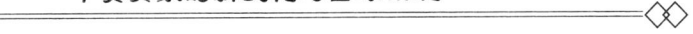

在礁上进行的建设也被美国视为谋求领土扩张的表现,并牵涉到公海航行自由问题。而实际上两者都不是,中国恰恰是公海航行自由的坚定维护者。中国是公海航行自由最大的受益者之一,大量贸易经由海上运输而来。如果公海航行自由无法实现,中国经济将遭受巨大损失。而且中国是未来海上的强国,公海航行不自由,未来军舰将无处可去。因此不能把海礁建设及抵近侦察问题的分歧放大为中国反对公海航行自由。

另外有言论认为南海是中国海外扩张的前奏,中国政府在南海的所作所为始终没有超出对南海的基本诉求。中国政府对南海的诉求在于九段线内的岛屿和岛礁的权益,并非整个南海。实际上中国在领土问题上的诉求,自新中国成立以后就没有变过,一直是希望通过谈判、互谅互让的方式来解决领土边界问题。这些年,中国也通过谈判跟周边国家签署了很多边界协议。如果中国确实在实行扩张,就不会签订这么多边界协议,把边界固定下来。

而谈到为什么中国这些年在南海问题上那么积极?首先随着中国实力的增强,国内更多声音要求在包括南海、东海在内的固有领土上多做事情,切实维护国家权益。而诸如越南等其他南海区域内国家,随着自身经济的恢复和发展,也在南海问题上采取更主动的作为。其次中国的海洋权益具体到微观领域也在不断拓展。渔船越走越远,过去在海边上打鱼,现在由于近海渔业资源消耗和航运能力的提升,能够到远海去打鱼。随之产生的海洋权益冲突越来越多,保护中国渔民合法权益之类的呼声也越来越高。另外一个现实原因是联合国国际海洋法机构曾要求各国超过200海里的权益诉求,需在2009年5月份之前备案。结果中国周边的越南、菲律宾等国纷纷提出自己的诉求,中国也有必要提出自己的诉求。

所以新一轮的南海问题为什么变得那么突出？变成中美关系中一个非常大的问题。最近美方行动不断，同中方在南海、台湾问题上的冲突愈演愈烈。美国军舰和飞机在沿海地区继续搞抵近侦察，继续到南海岛礁附近巡航。美国国会通过法律要求派军舰停靠台湾港口，实际上对中国造成了非常大的挑战。中美在历史上的建交是建立在三个条件基础之上的，即"废约、撤军、断交"。若美国军舰停靠台湾港口或派海军陆战队出动保卫美国驻台机构等成为现实，就将违反撤军的重要原则。2017年12月美国政府发布的《国家安全战略报告》，将中国列为战略竞争对手，美国2018年也决定不再邀请中国参加年度环太平洋军演，中美两国军队现在开始呈现出了对立的状态。

第三是意识形态进入对立期。中国加强意识形态工作，在外宣工作中强调中国模式、中国道路，并且全面加强党建，包括在私企和外企内发展党组织。这客观上引起了德国等国在华企业的不满。此外中国高调纪念马克思诞辰200周年，称马克思是过去1000年最伟大的思想家，不断强调意识形态的重要性。

此前邓小平同志曾表示，不要以意识形态论亲疏，处理国家关系不要过多考虑意识形态因素。随着意识形态工作的加强，引起了美国接触派、或曰自由派的反应，认为中国的政治发展方向出现了逆转，中美在意识形态方面是敌人，中国的强大将对美国的生活方式构成威胁，因而不再主张与中国接触，一些人甚至主张与中国脱钩。

2017年12月5日，美国国家民主基金会发布的一份报告中首次使用"锐实力"一词。该报告的题目为"锐实力：威权影响力日增"（Sharp Power: Rising Authoritarian Influence），把中国和俄罗斯列为主要的威权国家，详述中俄两国如何利用其

"锐实力"，把政治操控力量渗透到拉丁美洲一些社会经济实力较弱的民主社会。此后，2017年12月16日英国《经济学人》杂志则将"锐实力"一词置于封面；相关文章试图说明中国如何通过其经济力量、境外动员、资讯及文化网络等"武器"，无孔不入地渗入民主地区的政治、经济和社会结构，藉以塑造有利于自己的舆论及政治操作。

在此背景下，更多人开始关注中国的"锐实力"。美国少数大学关闭孔子学院，美国政府将一部分学者纳入黑名单，拒绝对其发放签证，与此同时加强了对中国驻美使领馆活动的监控，试图阻止所谓中国外交官控制中国在美留学生和从事其他所谓非法干预美国政治的活动。而这种担心不是单向的，中国同时采取了一些举措，于近期通过了《非政府组织法》和《国家安全法》等并加强了对网络的限制。

第四是中美民间交往进入调整期。过去不管中美关系出现何种问题，两国政府都坚定支持民间交往。在中美人文交流高层磋商机制的积极推动下，特别是奥巴马政府时期中美人文互动频密，成为两国关系的亮点。近年来的数据显示，在教育领域，2016到2017年中国赴美留学生中本科生超过13万，研究生超过12万。美国来华留学生数不断增长，美国国内学习中文的热度也在提升。而在旅游领域，中美两国互为重要的旅游目的地国和客源国，每年有超过500万人次的人员互相往来。

然而近几年来这种情况发生了变化。中国出于反腐和意识形态安全方面的考虑，加强了对出国的限制，限制了一定的学者和研究人员与外国人进行接触，并相应地限制一些美国智库学者来华访问，包括拒绝给部分对华不友好的美国专家学者发放签证。此外中国出台了《非政府组织法》，限制非政府组织支持的交流项目等。而美国方面则出现了抵制孔子学院的举动，孔子学院由中国政府主导运作的形式给美国方面带来了一定紧张。美国还限制甚至拒绝给某些中国专家学者发放签证，其中包括某些高科技专业领域的中国科学家。另外还有消息显示美国政府正在考虑禁止中国留学生赴美学习某些专业。

在上述背景下，中美关系出现了全面下滑的趋势，两国关系出现了全面对抗的征兆，这是1979年两国建交以来从未有过的情况。而最近有一种中美之间是否会发生"新冷战"的声音出现，这取决于如何定义冷战。冷战需要具备三个条件：一是意识形态对立；二是经济相互独立；三是军事对抗。现在来看第一个和第三个条件正在形成，而经济上"脱钩"一时难以实现。如果两国政府不作出改变，中美走向冷战的趋势将继续加强。

中美关系下滑将对全球治理带来一定影响。全球化导致了国家间依存程度越来越高，这在中美之间特别明显，中美经济互动不断增强，相互影响程度不断加深，处于"同一条船"上，重要的领域包括经贸自由化问题、气候问题及网络安全问题等。这对人类来说究竟意味着什么，都不是一个国家可以单独解决的，因此就涉及到全球治理问题，需要各国共同面对全球化带来的挑战。

而这些问题的解决需要一些条件：一是视野和理念，这需要组织和动员能力，需要核心国家发挥作用。这个角色主要由美国在扮演，中国也开始逐渐参与。二战后美国主导的军事安全体系、军事同盟体系是国际安全秩序的重要保障，也依靠联合国、世界银行、国际货币基金组织等国际组织和框架进行维护。国际经济贸易自由化的理念下吸引了很多国家的跟随。此外美国积累了大量技术和人才参与这一过程，美国国内NGO为其培养人才发挥了一定作用。

而在中美合作参与全球治理方面,近些年来中美两国为制定《巴黎气候协定》发挥了重要作用,现在美国的退出比较遗憾,协定能否被继续坚守还不确定。中美作为最大的经济体,如何处理经贸问题,决定了全球经贸问题未来。中国过去有些保守,而中国更多是程度问题,美国则是质的问题。

特朗普政策有别于前几届政府。短期看其政策比较有利,但长远来看会损害全球自由贸易机制,最终损害美国的自身利益。中美贸易出现大的问题,美国商品将明显涨价。中美贸易中由于中国商品较为物美价廉,美国国内有很大需求。未来若改从其他国家进口或在美国本国生产,将给美国消费者带来巨大负担。

朝核问题也是一样,表面上看美国是在维护核不扩散机制,但特朗普政府同前几届政府有所不同。首先特朗普政府更多考量的还是美国本国利益。现在国际社会担心,只要朝鲜不发展战略性核武器,美国就允许其维持现状,这样核不扩散机制就难以被维护。另外特朗普在朝核问题上倾向于单边主义行为模式,未同其他相关国家提前商议。而未来为了强化美国安全承诺的可信度、实现对朝经济军事援助及保障,美国十分需要同相关国家进行合作。朝核问题是全球治理的重要组成部分,现在看来特朗普政策的不确定性会带来很大问题。另外在网络安全问题上,中美两国尚未形成有效合作。

现在特朗普政策的不确定性对全球治理构成了一定威胁,甚至出现退出 WTO 等重要国际组织的倾向。在北约,美国也同欧洲国家在国防开支问题上产生争议。另外中美关系下滑给全球治理也带来了不利影响,很遗憾,奥巴马时期中美合作更多是在气候领域有所进展。未来中美若合作不利,很多国际问题可能将无法解决。中美两国在各自倡导的"一带一路""印太战略"上也有冲突。在可以预见的将来，全球治理将面临严峻挑战，出现一定的调整期和停滞期。

中美关系四十年

倪世雄

今天和大家讲讲中美关系40年。到2018年底，我们将迎来两个40周年：改革开放40周年和中美建交40周年。40年前，1978年12月18—22日，十一届三中全会的召开标志着中国改革开放的开始。就在全会召开的前5天，1978年12月13日，中共中央工作会议闭幕，这次会议为十一届三中全会做了准备。闭幕式上，邓小平同志作《解放思想，实事求是，团结一致向前看》总结报告，这篇报告成为5天以后十一届三中全会的指导思想。如果你们没有看过这篇报告的话，我强烈地推荐大家在改革开放40周年到来之际好好地读一读，因为这篇报告具有划时代的意义。

40年前，在中共中央工作会议闭幕之后、十一届三中全会举行之前，1978年12月15日，第二份《中美联合公报》发表。第一份《中美联合公报》是1972年2月28日在上海市区锦江饭店的小礼堂发表的。这一份《中美联合公报》具有划时代的意义，因为它宣布结束了中美23年的对抗，开始两国关系正常化的阶段，这对于当时的冷战格局无疑是一个伟大的突破。这是毛泽东主席做出的重要战略决策，毛主席非常希望在他有生之年尽快完成中美关系正常化的过程，实现中美完全建立外交关系，为此他做了一生中最后的努力。到了1975年，毛主席的健康越来越恶化，内外交困、心力交瘁，他真的撑不下去了，所以他非常希望在他的最后一段时间内促使中美关系问题做出突破。

有一天他对他的侄外孙女王海容说："我有话对美国总统讲，请把美国总统请来。"王海容当时是外交部革命委员会副主任，相当于现在的外交部副部长，她比我大两岁，瘦瘦的、戴眼镜，2017年她刚去世，享年79岁。我们那时候都知道，1975年的时候正好是尼克松开始第二任期，但是他所代表的共和党出了一件丑闻——"水门事件"，这迫使尼克松总统下台。亨利·福特接替尼克松成为总统，但是福特比较保守，对中国的态度没有尼克松那样激进，但你不请他请谁呢？所以1975年福特总统到北京，毛主席第二天带病接见福特总统。那时候毛主席几乎双目失明，并且全身浮肿，连走路都非常困难，但他还是坚持完成了接见。接见福特总统的时间甚至超过了接见尼克松总统的时间的两倍。据当时担任翻译的唐闻生说："毛主席当时讲话断断续续、口齿不清，一般人听不懂。"她尽量把毛主席的话翻译给福特总统听。当时毛主席思路很清楚，讲了三个条件，如果福特总统接受的话，中美马上建立外交关系。第一个条件：美国军队从台湾撤走；第二个条件：美国和台湾的外交关系断绝；第三个条件：美国和台湾的军事同盟关系废除。这三个条件合情合理，但福特总统没有接受任何一个，他完全拒绝了毛主席的条件。基辛格博士与福特总统同行，很快写了一张便条递给福特总统，福特总统瞟都不瞟就扔在一边。所以这次接见的后半程并不那么愉快，毛主席非常失望，但他克制住情绪，坚持会见完了福特总统。把福特总统送走之后，毛主席对着身边的人说："看来，我等不到中美建交的那天了。"毛主席讲得非常伤感，我们感受到毛主席在说这句话时，是多么想在他的有生之年看到这一天，然而福特总统拒绝了他给出的合理条件。

1976年对于中国人来说是大悲大喜的一年，1月周恩来总理去世；后来朱德委员长去世；唐山大地震；9月9日毛主席去世。最高领导人先后去世，大悲啊！然而毛主席在去世之前做了一件大好事，他把国家的重任交给了忠厚老实的华国锋，并没有交给"四人帮"。因为他当时已经识破了"四人帮"的阴谋，所以在中国命运处于生死攸关的时刻，毛主席保持了清醒的头脑，把党和国家的权力交给了一位忠厚老实的人。毛主席去世以后，华国锋同志不负众望，一举粉碎"四人帮"，全国欢腾、迎来中国的第二次解放！那时候全国人民都怀着希望，想从"文化大革命"的灾难走出来，找到一条正确的发展道路。

然而，华国锋后来做的事情就比较令我们失望了。他是一个大好人，他有历史贡献，但也犯了很大的错误。"文革"以后搞"两个凡是"。1976年10月到1978年10月两年的时间，中国不知道往什么方向走。华国锋是好心人，但他犯了好心人的错误。

在这个关键时刻，邓小平第三次复出。他到过马来西亚、新加坡。经过长时间的思考和探索后，他向党中央提出了召开工作会议的请求。在1978年12月13日闭幕的工作会议上，是邓小平同志作的总结报告。这次工作会议召开之后，休会了一段时间，邓小平又去了日本，从东京到名古屋，他乘坐了新干线，他操着四川话对身边人说："这个东西跑得好快哦！"现在我们有了高铁，但是在当时新干线是真的快。邓小平总感觉需要有一个东西在后面推着中国向前。再例如"亚洲四小龙"，原来都不如我们中国；10年"文革"期间，它们都跑到我们前面去了。所以这种要改革、要开放的心情就越来越强烈。再开会时，思路就不一样了：绝对要把国门打开，要对中国的现存体系进行改革。这次工作会议总共开了 30 多天，做成了 4 件大事：1. 纠正"两个凡是"的错误；2. 决定对"文化大革命"中的错案、冤案、假案进行彻底平反，特别是刘少奇、彭德怀的案子；3. 决定在全党全国进行更深入地开展检验真理标准的大讨论；4. 决定中国下一步怎么办。

这样，中国改革开放的思路就形成了，要把党的重点从阶级斗争转到经济建设上来。1978 年 12 月 13 日，邓小平作了总结报告，关键要解放思想，同时又要针对中国的具体国情，团结起来向前进。在这样的情况下，中国的改革开放开始了。2018 年底就是改革开放 40 周年，我也趁着这个机会和大家重温一下这段历史。

在邓小平同志思考中国怎么办、到何处去、中国改革开放伟大思路形成的过程中，邓小平倾注了大量的时间与精力，呕心沥血地去思考另外一个问题：中美关系。而且这两件事情是这样紧紧地连接在一起。中国要搞改革开放就一定要有一个相对稳定和平的外部条件，其关键就是中美关系。1977 年，邓小平亲自接见了福特总统的特使、国务卿万斯。1978 年，邓小平又亲自接见了当时的美国国家安全助理布热津斯基博士。我和布热津斯基博士在哥伦比亚大学一起呆过 3 个月，那时候我还是访问学者。我几乎一个星期见他三次，我们关系非常好，2017 年他去世的时候我非常难过。当时他给我讲了很多鲜为人知的事情，邓小平是如何接见他、怎样和他谈，今天因为时间关系我就不和大家细说了，我 10 年前纪念中美建交 30 年时出的一本书里有记载，大家可以阅读。也就是说，我们对于邓小平当时对于中美关系问题上做出的努力和贡献知道、了解的相对较少，实际上邓小平可以说是呕心沥血去思考如何推动中美关系。当时小平同志心里就有一点：一定要争取让毛主席没有等到的那一天早日到来。

1964年，是我从复旦毕业的那一年。毛主席说："准备花30年时间解决中美关系。"我当时从外文系毕业以后，领导让我去参加尼泊尔代表团的陪同工作，做见习翻译。我那时候20多岁，去锦江饭店报到，接待我的是一位30多岁的、胖胖的男人。我一开始觉得他水平很高但架子也大，但相处了两个星期以后我很佩服他，那么他是谁呢？是2017年5月9日去世、享年90岁的国务院原副总理钱其琛。那时候我和他一起接待尼泊尔代表团，后来我们这个代表团去了北京受到了毛主席的接见。那天毛主席见了7个来自亚非拉的代表团。他讲到国际形势时又提到了中美关系，他的眼睛往7个代表团扫了一扫，说："从1949年到1964年，中美关系还是那么的紧张，看来15年不够，再来15年怎么样？30年总够了吧！"所以说毛主席在1964年就有一个想法，准备花30年时间突破中美关系。邓小平同志对此是很清楚的：1979年是一个很重要的时间节点，这时不建交就不是30年了，而是更长的时间了。

在外交谈判的过程中遇到了美国向台湾出售武器的难题，你怎么突破它？最后还是邓小平做的判断和决定：1978年12月13日，工作会议闭幕后的那个晚上，美国代表团的首席代表伦纳德·伍德科克，他是当时美国驻北京联络处主任，后来是首任驻华大使。半夜两点半以后，小平同志接见了他，最后拍板：先建交、后谈判。美国方面接受了"从台湾撤军、断绝同台湾的外交关系、废除同台湾的军事同盟关系"的条件。按照这三个条件先建交，建交以后再来谈判，武器出售问题是后来提出来的。这六字方针打破了僵局。1978年12月13日深夜的谈判确保了12月15日在中美双方商定的时间发表第二份《中美联合公报》，宣布1979年1月1日中美正式建立外交关系，这时距1949年正好30年。毛主席没有能够等到的这一天，邓小平同志把它实现了。这是非常重要的历史性的转折，促成了中美建交，开拓了中美关系新的时代。建交以后开始谈判，经过两年多的时间，最后在1982年8月17日发表第三份《中美联合公报》叫《8·17联合公报》，重点就是解决美国向台湾出售武器的问题，阶段性地、暂时地缓解了美国向台湾出售武器的问题。

我们要历史地、客观地看这个问题，你看现在美国向台湾出售武器停了吗？有增无减，成为中美关系中一个非常棘手的问题，但我们不能否定36年前发表的第三份联合公报的意义，而且这第三份联合公报用最清晰的语言阐明了"一个中国"的原则：世界上只有一个中国，中华人民共和国是代表中国唯一合法的政府，反对"台独"，反对"一中一台"两个中国。这些非常明确和坚定的语言，都在第三份《中美联合公报》中清楚地指明。

我们谈中美关系，谈两个40周年的时候，我们必须对这些有一个比较清楚的了解。在座的各位都比较年轻，虽然没有经历过那些年代，但你们都多多少少知道一些，如果你今天还不是很清楚，那么我希望我刚才所说的那一段历史能帮你们梳理清楚一点。在这个基础上，我想和你们分享三个观点来看中美关系。

第一个观点：中美关系和改革开放有着紧密的联系。这两件事情为什么在40年前的12月份、并且竟然在一个星期里先后发生？在1978年12月18日这个中国改革开放的历史转折点，也偏偏就是这一天的前三天，中美两国正式确定将要建立外交关系，你说这是一种历史的偶然吗？如果我们仅仅把它看作是一种简单的历史偶然是远远不够的，它反映了一种历史的必然。我相信中国的改革开放需要好的中美关系，一个好的中美关系会为中国的改革开放提供必要的外部条件，过去是，现在是，我认为今后也是。40年来中国的改革开放取得了伟大的成就，40年来中美关系取得了伟大的历史进展，你能否认吗？40年前中美关系是怎样的状况？现在又是怎样的状况？

我是一个经历者。39年前我第一次去美国哈佛的时候，是从巴黎走的，那也是我第一次出国到了巴黎，埃菲尔铁塔、塞纳河令我异常激动。之所以从巴黎走，是因为那时候太平洋上空还没有连接中美的航线与航班，但你们知道2017年连接中美、跨越太平洋有多少航班航线吗？65条航线。每个星期有550多个直达航班，往返中美之间，每天有5.3万人。39年前，中美间的贸易量一年只有24.5亿美元，2017年接近6000亿美元，增加了280多倍。我39年前去的时候没听说过要打贸易战，因为体量太小，所以说中美之间的贸易摩擦、贸易战，我认为从根本上来说是发展中出现的问题。39年前，中美之间都没有双边投资，但2017年达到了1700亿美元；39年前我去的时候，中美之间没有任何一个对话机制。特朗普上台的时候中美之间的战略对话机制足足有104个！从0到104，你说这是多大的发展。39年前，那时候在美国的中国学生很少，主要是我们这一批赶上末班车的学者去美国留学进修，只有几百、上千人，现在多少？《光明日报》2018年3月份的一篇报道说，截至2017年年底，在美国的中国学者和学生总计42.7万人。39年来，我们去美国留学的总量突破200万。美国到中国来的学生原来是1万、2万，从2010年开始，每4年来10万。特朗普上台之后，2017年初，中美达成协议：到2020年，美国将有100万学生留学中国。我2018年2月份在华盛顿还去访问了美

37

国国务院系统下的美国学生留学办公室，还见了他们的办公室主任。

发展太快了，刚才郭老师讲的清华大学的那个项目，叫Schwarzman Scholars（苏世民书院），我已经去教过两年了。2018年他们又邀请我去了，让我给来自20多个国家的国际学生上课，这也是特朗普上台以后的一个新项目。Schwarzman是特朗普的好朋友，也是一个纽约的房地产大亨。他给清华大学投资4亿美元搞了这个项目，我也参加了并深深感受到中美之间这种深深的文化交流。虽然现在存在着许多新的问题与困难，但这种势头是无法阻挡的。

总之，40年来中国的改革开放取得了历史性的成就，中美关系也取得了历史性的进步。现在中国的改革开放进入了深水区，遇到了新问题、新挑战。中美关系我也认为现在是进入了深水区，中美之间也出现了新问题、新挑战，并且有一些是之前完全没有碰到过的。南海问题、贸易战等的出现，都体现了中美关系进入了深水区。改革开放进入了深水区，难道就没有信心了吗？我们中国人不是照样以习近平同志为核心的党中央的领导下，充满信心地迎接改革开放的新挑战，全面深化改革开放吗？那我们为什么不同样怀着信心去迎接中美关系之间出现的新问题、新挑战，把中美关系继续推进下去呢？所以我想，第一个观点非常重要，就是要把中国的改革开放与中美关系联系起来，或者倒过来讲，把中美关系和中国的改革开放联系起来看。

第二个观点：中美关系与三份联合公报。40年的经验证明，凡是在三份联合公报的基本准则和原则得到尊重和实施的时候，中美关系的发展就平稳，就顺利。凡是这三份联合公报的基本准则和原则遭到违背、破坏，中美关系就一定会出现动荡甚至出现危机和倒退。40年来中美关系的发展不正是证明了这一点吗？现在中美之间出现了这么多的问题，我想现在很多问题都是美国方面不遵守三份联合公报造成的。

2018年6月12日发生了两件事情，一件事情是在新加坡特朗普和金正恩的会面，但同时美国在台协会（AIT）台北办事处新馆落成，美国竟然派了一个高级代表团去参加，带队的是助理国务卿罗易斯（Marie Royce）。本来他们要派出两位国务卿去，另一位是苏珊·桑顿（Susan Thornton），我和她很熟。苏珊·桑顿在美国国务院里代表一种比较亲华的健康力量，她和我讲原来的国务卿雷克斯·蒂勒森（Rex Tillerson）也是一个比较稳健的人，但现在蒂勒森被赶走了。我上个星期收到的消息，苏珊·桑顿这个月底也将被迫离开国务院，所以我赶紧和她说我们下个礼拜安排见个面。她和我讲，原来台北的这个活动是安排在6月8日，不是6月12日，但现在新任国家安全顾问约翰·R. 博尔顿（John R. Bolton）是彻头彻尾的鹰派反华分子，本来他6月8日也要去，那还得了？连特朗普都紧张，说："你别去吧！"但是博尔顿坚持要去，所以这个活动被迫从6月8日改到12日，使得落成典礼与举世瞩目的新加坡金特会撞期，那样博尔顿必须陪同特朗普前往新加坡。所以这一次台北的事情明显地降调了，我们大陆对这件事情的反应呢，也只是抗议了一下。三份联合公报都说的很清楚，美国和台湾之间是非官方关系，《台湾旅行法》的发表还能说明这是非官方关系吗？所以40年的经验证明三份联合公报的基本准则和原则必须得到遵守。我们和美国现在的矛盾很重要的一个方面，就是坚持维护三份联合公报还是违背三份联合公报的矛盾，我觉得这是很重要的第二个观点。

第三个观点：我们一定要清楚地认识到，中美关系是一个非常复杂但又非常重要的关系。它的发展轨迹一定是波折起伏但始终保持向前发展态势的。简单讲就是中美关系会发展，但这个发展是曲折的。所以总的来讲，40年来中美关系建设是一个曲折发展的过程。我想过去是，现在是，将来也会是。

中美关系40年来大致经历了4个阶段。

第一阶段，1979至1988年，这是初步发展的10年。我经历了这10年的大部分，后来就去了美国。这个10年为中美关系的发展打下了良好的基础。

第二阶段，1989至1999年，这是大起大落的10年。在这10年，中美关系经历了三次危机的考验：1989年春夏之交发生的政治风波；1995年李登辉访美；1999年我国驻南斯拉夫大使馆被炸。三次危机冲击着中美关系，有的时候中美关系甚至到了非常危险的、破裂倒退的边缘，然而中美关系却克服了困难渡过了危机向前发展了。我们要深刻认识到在经历每一次危机以后，中美关系又向前进一步地发展了。

第三阶段，2000至2009年，这是平稳发展的10年。

第四阶段，2010到2018年底，或者说2019年年初。这10年怎么样？怎么来评判这10年？你说这10年中美关系没有发展吗？我觉得这个结论是错误的。这10年，中美关系继续在前面3个10年的基础上得到了新的合作与发展，但这个10年的发展怎么样？像上个10年一样平稳发展吗？这个10年可以看作是发展但不平稳的10年，这就是最大的区别。那么这个不平稳是怎样出现的呢？李道豫、杨洁篪、周文重、张业遂、崔天凯等几任大使我都和他们有不同程度的交谈并请教他们，我说："这个10年究竟是怎样的10年？"综合他们给我讲的，我现在认定是有道理的：从2010年到现在，是"波折起伏又十年"，意味着发展但不平稳，不平稳就反映出严重的波折起伏。

最近的这10年，大部分是奥巴马在任的时候。奥巴马有个特点就是高开低走，他开始两年对中国比较好，2010年开始就不那么好了。首先是自己私下见达赖喇嘛，后来又带着两个女儿见达赖喇嘛，后来又一次性批准了64.5亿美元向台湾出售武器的计划。哪个总统干过这种事情？都没有的。他还抓住谷歌事件炒作，说中国黑客盗取美国用户的信息机密、对人民币施压，要求人民币升值，抓住轮胎特保案和钢管特保案对中国发起了"301调查"，挑明了要和中国打贸易战。有一次在美国大使馆，我和张业遂大使交谈，张大使亲口对我说："倪老师，最近两国关系不好，我准备要过苦日子了，我准备要和美国斗了。我不像周文重大使，他过了好几年的快活日子，现在看来不行了。"我就问他："张大使，那你看看接下来两国关系会有怎样的进展？"他说："会不断地有摩擦，我现在感觉到未来几年的中美关系一定是充满新的波折和困难的。"他们几个大使都和我这样说，当时我也形成了一个看法：这个10年恐怕要出现新的波折起伏了。现在这个10年又要过去了，我看用波折起伏来概括有一定的道理。

我一直用四句话来概括中美关系。

第一句话，中美高层保持密切接触。

两国最高领导人接触从来没有中断过。虽然大家都说特朗普不靠谱、充满变数，竞选的时候在200多个场合骂中国，很不友好，但是他宣誓出任美国总统以后，在有的问题上对中国态度还是不错的，所以我们对这个人一直捉摸不透。有一点是他上台前后都没有变的，就是他开口闭口都是习近平主席是他的好朋友。没有哪一个美国总统开口闭口称中国的国家主席是他的好朋友。2018年4月8日，贸易战已经要打了，在这种很危险的情况下，他发了推特："不管中美之间贸易问题最后会是怎样的结果，习近平主席将和我是永远的好朋友！"还有一次他要和习近平主席通电话了，又搞一个推特说："再过一两个小时，我要和我的好朋友通电话了！"这种事情有必要讲吗？2017年佛罗里达州的海湖庄园会见是两国领导人第一次会面，过后一刻钟不到，特朗普就说："我今天一见到习近平主席，就从心底里很喜欢他，我不知道他是不是喜欢我。"两个人相处了一个小时以后，他说："现在我感觉到习近平主席是很喜欢我的！"但是到现在为止，我们没有在任何一个公开场合听到习近平主席讲过他喜欢特朗普总统。总之，习近平和特朗普现在的关系很好，这是中美关系中的亮点。这确实也是这样，你看2017年里习近平和特朗普有4次会见、6次通电话、8次通讯联系，交往没有断过，我讲这个例子是想说中美高层密切接触，中美之间问题再大，也会保持联系。

　　第二句话，中美外交保持战略对话。

　　中美之间问题再大、再困难，交流没有停止过。我刚才说到特朗普上台后，中美之间的对话机制已经增加到104个。特朗普明确讲，他不愿意搞原来奥巴马政府的两个最高的对话机制，中美战略经济对话（SNED）和中美人文高层对话，因为这是奥巴马制定的。他的理念就是，凡是奥巴马做的，他不做；奥巴马没有做的，他倒愿意去做。我们不是经常听到吗？小布什上台之后搞了个 ABC（Anything but Clinton）：克林顿做的他不做，其他都可以做。后来奥巴马上台后搞 ABB（Anything but Bush）。所以现在特朗普上台以后就搞 ABO（Anything but Obama）。后来经过商谈，特别是2017年佛罗里达会议后，中美决定重新开启四个最高层次的对话机制：第一个是外交安全对话；第二个是全面经济对话；第三个是执法与网路安全对话；第四个是中美社会与文化对话。以这四个对话机制取代原来的两个机制，但是现在四个对话机制启动以后，下一步怎么办，还要看，因为最近中美关系不好，这四个对话机制基本上处于停顿状态。但停顿不等于取消，还是保持着的，所以现在实际上对话机制要统计的话就不止104个了，应该是106个了。至少我现在还觉得中美之间的对话机制仍保持在100个左右。

第三句话，中美合作保持良好势头。

特别在地区和全球问题上，如反恐、气候变化、能源、地区冲突、伊朗问题、朝鲜问题等等，中美两国现在合作的领域比以前扩大了，早期集中在双边关系上，现在已经突破双边关系，到了多边地区和全球，这个势头不错。

第四句话，中美民间保持频繁往来。

40年来最大的变化，是中美两国的非官方关系、民间关系的发展，我看是方兴未艾。尽管现在美国方面设置了一些障碍，如签证等问题，但我想也阻挡不住中美之间民间的文化交流。

这四句话是不是可以反映出中美关系在最近的十几年，至少是进入新世纪以后还是在发展的？但这10年来为什么出现了那么多的波折起伏和问题呢？为什么中美关系从来没有像现在这样子，在众多的领域是出现了全面的甚至是直接的、严重的冲突呢？我们大致列举一下，至少有8个领域：台湾、西藏、钓鱼岛、朝鲜半岛、南海、贸易、人权、网络安全问题。我想这是主要的，恐怕还不止这些。8个领域出现全面的、直接的、严重的问题，这是为什么？我想中美发展到今天，它存在问题的严重性、困难性、复杂性比任何时候都要明显，大致归纳的话，有三大类的原因促使最近十多年的中美关系下滑。

第一大类是中美两国政治制度和意识形态价值标准的差异。这是深层次的原因，而且是暂时无法解决的原因，过去、现在、将来都是。除非中美两国哪一方面改变它的制度和意识形态和价值标准，这可能吗？我们看不到任何可能性，也就是说，这一问题会不断的作为消极因素来影响中美关系，或者为中美关系带来新的障碍。

第二大类是核心国家利益的冲突。毛泽东时代是基本不讲国家利益的，主要讲国际主义。到了邓小平时期，开始讲国家利益了，只是到了习近平这几代，我们才开始讲核心国家利益，就是在国家利益前加核心两个字。那么中国的核心国家利益是什么呢？中国的核心国家利益又是什么时候开始提出来的？我们考证了一下，第一次向美国提出核心国家利益是2008年，当时美方问我们，你们的"核心国家利益"是什么意思。中方回答，是台湾问题和西藏问题。人家要我们做一个Definition，我们没有，所以中国在开始提核心国家利益的时候，是先提问题但没有界定。中方对于核心国家利益以政府文件的形式加以界定是在2011年9月，国务院发表《中国的和平发展》白皮书，这是第一次对中国的核心国家利益作了官方的解释，一共有五六句话，概括出来就是六个字：主权、安全、发展，涉及到中国主权、安全、发展的重大问题就是核心国家利益。

首先是主权。台湾问题、西藏问题、南海问题，这些都属于主权问题。其次是安全。在朝鲜半岛，我们和美国有共同点，但最大的分歧就是美国部署"萨德"导弹。为什么我们如此强烈的反对美国部署"萨德"导弹，因为我们认为美国的"萨德"导弹严重威胁了中国的安全。为什么我们现在对美国把"太平洋司令部"改为"印太司令部"高度警惕？为什么美国要把亚太扩大到印太，这就对中国的安全提出新的问题了。凡是影响中国安全的问题，我们肯定不会让步的。第三个是发展，而且是可持续性发展，美国和我们打贸易战，究竟意图在哪里？是为了解决贸易逆差问题吗？或者是某些强迫性技术转让问题？

或者是技术知识产权的保护问题？最近我看了一些声明，称美国这样做就会严重影响中国经济的可持续发展，而且会影响世界经济的可持续性发展。我们把主权、安全和发展看做中国至高无上的核心国家利益的表现，而美国这些年来没有在哪一个重大问题上是尊重中国的核心国家利益的，中国的核心国家利益和美国的重大国家利益是谈不拢的。

中国的核心国家利益概念与美国的核心国家利益的概念南辕北辙。我在美国的访问中，很多美国的高官朋友不止一次问我，他们说："倪老师啊，你们中国的核心国家利益一开始讲台湾问题、西藏问题，现在又扩到了钓鱼岛、南海、网络安全等等。"他说，你们的要求没完没了，下一个核心国家利益问题是什么，能不能透露一点？那我也不知道，我说就这6个字，让他们自己去衡量。而美国也指责我们不尊重他们的核心国家利益。我曾经在美国国务院会见了外交官很多次，我问他："你们美国的核心国家利益是什么？"他说："我们的核心国家利益和你们中国的完全不一样。你们中国的是非常微观的，而美国的重大国家利益是非常宏观的。你们一讲就是台湾问题、西藏问题，那是你们的国内问题。"我又问："那你们呢？"他说："在美国看来，整个世界的利益都是美国的利益。"

你在跟他谈的时候就知道了，美国的第一个重大国家利益就是维持它的世界霸主地位。这就与中国有很大的分歧。另外美国也提到要维持它的同盟体系，美国现在有61个盟国，他问我中国有几个，我说我们现在一个也没有。他问中国和北朝鲜不是有条约吗？我说这个条约实际上不是同盟条约。后来我得到了新的支持，我就和他辩论了："你们61个盟国算什么，我们有94个伙伴。"所以我们现在对美国是94比61，数量我们是超过了，但质量肯定是有点问题的。美国还谈："我们的重大国家利益是世界上16个海上通道，是美国对外的生命线，维护这16个海上通道的自由和管控是美国的最高利益体现。"

后来我看到一个资料，我把这16个通道全部都记了下来，大家熟悉的像马六甲海峡、巴拿马运河等等，这些问题也是需要我们重视的。我再和他讨论："你们美国还有什么核心国家利益？"我们谈来谈去就那几个问题。美国最后说："倪老师你谈南海问题，我就和你谈谈南海问题。南海问题你们说是主权，在我们看来南海问题说到底是海上规则，是为了航行自由飞行自由。"美国打着航行自由的借口，让军舰、飞机来了，还说我们中国搞军事化，美国这样难道不叫军事化？所以在这些核心问题上，中美之间的冲突，我现在也觉得一下子难以克服，而且就是最近10年来比较严重。所以核心国家利益的冲撞是近十几年来中美矛盾频频的重要原因之一。

第三大类，我想必须要说一说2010年这个时间节点。我们在些前只是超过世界第三经济大国德国。2008年超过德国时美国还不太在意。因为我经常去美国，我知道2008年以前美国对中国入世以后的崛起和发展还不太重视，有时候还说"我们欢迎中国发展""中国的发展有好处"。等中国真的发展了，超过德国、特别是2010年超过日本，成为世界第二大经济体时，美国对中国的态度发生了明显的、质的变化，开始对中国的崛起产生恐慌、焦虑和不安，这是事实。就像我很多美国原本亲华的好朋友，都有一种紧张焦虑的情绪，认为中国现在强势了，要走到世界舞台的中心和美国较量了。他们是用这种冷战思维、有色眼光看中国崛起。但我觉得真正对中国敌视的人是少数。但问题是这些少数人能够误导舆论、误导民众，这是个大问题。2010年我们超过日本后，出现了"老大老二"的结构性矛盾，再加上有些人有意识地误导，美国社会对中国的看法开始出现负面的倾向：从"中国的崛起对美国的发展是有负面影响作用"，发展到"中国的进步是对美国的威胁"，再进一步发展到"中国的崛起是对美国的取代"的认识。所以美国对中国崛起的认识，就形成了这六个字的关键词：挑战、威胁、取代。

那你们说中国的和平崛起是不是真的是为了挑战美国、威胁美国、取代美国？我看至少胡锦涛、习近平两位主席领导时期没有这个意思。我们中国贫穷的时间太久了。我们中国从站起来到富起来，让老百姓过上好的日子，同时也希望看到我们周边甚至是整个世界的国家都发展起来，有一个和平的、稳定的环境，让越来越多的世界人民过上好的日子。我想我们中国应该没有想到要当霸主甚至是取代美国，所以习近平主席那么多年来一直在重复这句话。

习近平主席上个月见美国国防部长马蒂斯时还跟他说："太平洋足够广阔，完全能够容纳中国、美国和其他国家共同发展。"这话讲得美国人都听不进去了，我最近在美国访问也讲这句话，他们不仅听不进去还来反问我："倪老师，那为什么你们报纸宣传说中国已经走上了世界舞台的中心？我们美国一直在世界舞台的中心，中国来了是不是要取代美国了？"我们的《环球时报》还发表社论，说"中国要勇敢地走到世界舞台的中心"，这引起了美国方面很大的误解。所以美国就对中国近年提出的"一带一路"倡议"人类命运共同体"等反映出消极的态度，认为"一带一路"是为了排挤美国在亚太的影响、"人类命运共同体"就是中国欲建立世界霸权。我们中国不论是决策层还是普通老百姓都没有这个意思。但为什么这几年美国会选择了用这种方式来对待我们？为什么要把它的战略重点弄到亚太来？为什么奥巴马时期的"亚太再平衡"战略现在会扩大到"印太战略"？我最近去调研了"印太战略"，美国的朋友跟我说："'亚太战略'的最大缺陷是美国在亚太地区只有一个日本，而且它有时还不听话。美国在亚太地区没有强有力的队友来共同对付中国的军事崛起，所以就把战略扩大到印度洋，这样就可以争取印度和澳大利亚，形成美日印澳对付中国军事崛起的同盟。"

美国搞这一切的目的是什么？美国的系列行动是应对中国挑战、威胁、取代的反映，我认为我们国家也形成了六个字的关键词：针对、遏制、围堵。美国认为中国要挑战、威胁、取代美国，中国认为美国想针对、遏制、围堵中国，各位同学你们想想，这样的情况发展下去会如何收场？这就是中美两国成为"老大、老二"以后出现的结构性矛盾。我觉得中美关系最近出现贸易战等系列冲突，和第三大类原因是有直接联系的，即中美两国之间出现"老大、老二"的结构性矛盾。

中美关系之所以有冲突，原因有三大类，第一类是制度、意识形态、价值标准；第二类是核心国家利益冲突；第三类是"老大、老二"的结构性矛盾，而且这类矛盾的影响是最直接的。我们一直讲的"修昔底德陷阱"的危险正降临于中美关系。只要中国是老二，美国是老大，这些矛盾就不可避免。比如说现在世界上有什么力量、有什么人能够让美国不当老大？经历了"9·11"事件、金融危机……美国依旧是老大，没有倒，难道我们还需要另一个"9·11"、另一场金融危机把美国彻底打下去吗？让我们中国当老大？世界不是你所想象的样子，我们现在要现实地看，现在就是美国仍然是世界上最有实力的霸主国家。真正的现实就是中国借改革开放的建设之力和平崛起成为世界的老二。

这样的话，"老大老二"的矛盾就不可避免，2400年以来出现的"修昔底德陷阱"的危险就不可避免。现在只有正视它、应对它、避免它。哈佛大学著名教授格雷厄姆·艾里森（Graham Allison）也是我30多年的好朋友，上个月来复旦大学参加论坛，我和他见面了。他2017年写了一本书，叫《注定一战？美国和中国如何避免修昔底德陷阱》。他的这本书受到了中美双方的重视。他跟我说："你们国家最高领导人及高校智库都非常重视我这本书。我以前五六年、七八年才来中国一次，近一年两个月来一次。中美两国的'修昔底德陷阱'是一个现实的问题，我们要想办法避免。"他这本书正在被翻译，年底可能出中文版。他这本书选取了500年以来16个研究案例，研究结果是12个案例是以战争告终，4个案例以非暴力战争手段解决"老大老二"的矛盾性。他认为中美和平还是有希望的，毕竟500年来还有4个和平案例。

"注定一战"后加了个问号，也就是说中美两国不一定会发生战争。后来他跟我讲了两个建议，我觉得挺好的。第一个建议是希望习近平主席和特朗普总统尽早安排一场会晤谈"修昔底德陷阱"。到现在为止，中美两国还没有正式谈过这个问题。2015年9月，奥巴马和习近平谈过一次，但不是直接的：23日，习近平到西雅图谈"修昔底德陷阱"时，奥巴马在华盛顿；25日晚上，奥巴马和他的夫人米歇尔在白宫宴请了习近平和他的夫人彭丽媛，在私人场合奥巴马谈到"修昔底德陷阱"。一个是间接、另一个是私下，中美两国领导人就没有好好地谈谈"老大老二"和"修昔底德陷阱"，双方达成共识、采取措施。所以格雷厄姆·艾里森就跟我讲现在急需中美两国领导人安排这种会议，好好谈谈我们面临的"修昔底德陷阱"的危险怎么破解。

第二个建议是他说如果中国明智的话，中国至少应该低调30年。我们中国是发展了，我们为中国这40年的发展感到骄傲，但同时我们也应该看到差距。有的人说现在中国当了"老大"，北京方面也有经济学家说很多方面我们已经超过美国了，但事实上是不是这样呢？有必要这么说吗？最近我看到一个资料：2017年全世界人均GDP排名，排第一名的是欧洲的卢森堡，人均超过10万美元；最穷的是南苏丹，人均200美元。人均GDP的世界平均水平是1.07万美元，最接近这个数字的国家是俄罗斯，1.06万美元。中国还在很后面，2017年的人均GDP离世界水平还差2000美元，排名第71位。我觉得一个国家的"人均"GDP的统计在某种程度上比GDP总量的统计更有意义，当然中国在这方面计算会比较吃亏，因为我们人口最多，但不能否认我们发展还不够的这个事实。我们都不如哈萨克斯坦、马来西亚、墨西哥等国家。我们有什么值得骄傲的？当然，和中国的过去相比很骄傲，但是和世界很多国家相比，我们还有很大的差距。所以我觉得格雷厄姆·艾里森教授非常好心，向我们提出这个建议，让中国低调，我们要少说多做，好好把自己的实力搞上去。到了人均GDP在世界前十、前二十的时候，再看美国到底对中国是一个什么样的态度。实际上你跟美国深入地谈，尽管它对我们中国的发展也看在眼里，但是骨子里面还是认为我们距离美国有很大的差距，认为中国现在还不能够和美国平起平坐。好多美国人都跟我讲，美国至少领先中国30年。这也是为什么格雷厄姆·艾里森教授这样建议中国。

我觉得这个差距不妨成为我们发展的动力，好好把自己的国家做好，把整个国力提高上去。不要去满足"老二"，甚至宣扬成为"老大"，这不是在人为地制造一种恐慌吗？现在我们再回味一下当年邓小平的讲话："绝不当头，韬光养晦"。这是非常有道理的，到现在也有很重要的意义。当然，我们要有所作为、有所担当、有所贡献，但前提是要埋头苦干，把中国的事情做好，把中国的实力搞上去。在这同时，我们要争取为世界做贡献，要有历史的担当，有所作为。邓小平除了讲"韬光养晦"还谈了"有所作为"，首先要低调，把自己的事情做好，然后再去谈更大的贡献，这两个方面的关系必须要处理好。我比较佩服以习近平同志为核心的党和国家领导人近几年做的事情，我觉得他们比较好的解决了几个问题：一个是继承和发展的问题；第二是"韬光养晦"和"有所作为"；还有一个就是"大国关系"和"周边关系"。这几个方面都不能忽视，如何来平衡、调整是一个难题。而正是"韬光养晦、有所作为、继承、发展、大国关系、周边关系"形成了新时代中国特色的大国新外交。这样，我们在处理中美关系的时候就会比较主动。

自2017年12月18日美国国家安全委员会发布《美国国家战略报告》以来，中美关系确实出现了不好的情况。几份报告以及国会通过的三个法案，美国打出了三张牌：贸易战、台湾牌和新一轮的"中国威胁论"。所以这10年中美关系出现了新的波折起伏。奥巴马后期的"高开低走"本身是一个起伏，2016年美国大选时中美关系进入一个很严重的低潮。特朗普当了美国总统以后，2月10日跟习近平打了电话，4月份两人在佛罗里达见面，一直到11月份对中国的访问，把中美关系推到一个"高度"。自2017年12月18日至今，中美关系又出现了"波折"。那么中美关系今后怎么办？是不是触底了？现在看来，中美关系的问题用"脱轨""后退"可以形容，但还没有"触底"。

格雷厄姆·艾里森上个月在复旦参加上海论坛，他跟我讲："老朋友，现在中美关系不好，以后两个月可能更不好，但我们双方要坚持。"我说："你什么意思？"他说："等中期选举的结果出来再看。"2018年11月份，美国举行中期选举，看看会出现什么变化。如果民主党在某种程度上压倒了共和党，特别是众议院，再到了2018年底2019年初中美建交40周年，中美要举行一系列的纪念活动，会烘托一个很好的气氛。这样的气氛再加上中期选举的结果，他说："那帮在台上倒行逆施的人会有一部分人会下台。"中美关系会出现一个转机。我跟他说，可能更大的转机要等到中美关系进入第五个10年，这是他跟我说的。中美关系是否会有一种规律性的现象？10年变一变，初步发展10年、大起大落10年、平稳发展10年、波折起伏10年。第五个10年将怎么样？一定充满新的希望。

国际社会演变、全球治理领导权的转移与中国角色

郭树勇

今天讲座的主题是我近两年关注的议题。我的主要研究方向是国关理论下的国际政治社会学，也做过国别区域研究。国际政治社会学曾经很大程度上被称为"建构主义"。建构主义是20世纪90年代从美国兴起的学术流派，我是将其引进中国的主要学者之一，并著有《建构主义与国际政治》《国际关系理论的中国探索》等。今天讲座的主要内容是国际社会演变、全球治理领导权的转移与中国角色。将分为7个部分来进行论述，包括：一是对于题目的理解及导论：理想主义，现实主义与国际社会；二是全球治理之于国际社会演变的作用；三是全球治理领导权与世界性权力转移的异同；四是全球治理领导权转移的一般理论；五是全球治理领导权转移的历史经验；六是领导权转移的当代要求与特征；七是领导权转移的中国角色。本文的论述都是基于理想主义的立场。虽然我在2017年已经发表了《全球治理领导权与中国角色定位》一文，但是我在之后的时间内对于该议题有了新的思考，增加了新的内容。

一、理想主义、现实主义与国际社会

首先是对于题目中为何加上"国际社会"一词的解释，是因为国际社会演变为全球治理和全球治理领导权转移进行铺垫，如果直接谈论全球治理等问题会显得突兀。其次，对导论部分：理想主义、现实主义与国际社会，主要是以现今的热点问题作为切入点，论述了以下几个问题。

第一，当今世界是否发生了变化、世界秩序是否在转型？中央外事工作部认为国际秩序和国际社会正在转型发展。所以实际上当下存在一个要不要对当前的国际社会和国际秩序重新考虑的问题。有些人对于当前的世界形势和国际社会感到悲观，从而使得权力政治被重新提及。权力政治也曾被认为是地缘政治，当下的地缘政治就是先前的权力政治。虽然在学术上讲两个词存在很大差别，但是口头表达区别较小。

第二，对于当今世界的前途、中美贸易战以及特朗普政策是悲观还是乐观？应该是乐观的。自身的学术立场、观点和方法决定对待该问题的态度是不能悲观的。

第三，学界对于中美关系的主流是有把握的，认为中美之间是体系性的相互依赖。认为全球治理与经济全球化具有高度的脆弱性和共同决定，所以中美之间的关系也会受到该因素的影响。所以面对当前复杂的国际局势，世界要向哪里走，世界要转型吗，向哪里转，是走向未来还是退回过去？理想主义可以吗？理想主义是否终结？历史还在进步吗？权力政治和地缘政治是否卷土重来，成为当前的一种重要力量？全球化是否消亡？实际上在这个思想大变动时期，这些问题都必须重新思考。

第四，是追求社会进步、团结、自由、民主和平，还是正视和重复残酷的权力政治,选择前者?

第五,当今世界是理想主义前进,还是现实主义回潮?显然是理想主义前进。

第六,是走集体安全道路还是自保和联盟的道路?集体安全是理想主义的最基本的主张,而自保、自力更生和联盟就是现实主义的基本依靠手段,所以选择前者。

第七,是走一体化和合作制度之路还是各行其是的道路?孤立主义是各行其是,但是联盟、一体化是自由制度主义的出路。正如秦亚青老师讲的新多边主义,新多边主义就是一种制度合作和一体化机制,而一体化是比较高级的制度。

第八,是走国家利益高于一切的道路,还是走国际利益甚至是人类利益同样重要的道路?应该是后者。

第九,是被世界的物质结构所决定,还是争取抓住战略机遇,用意志、知识和观念,有所作为,突破一定的限制来实现理想和使命,重构世界?这是不同的选择,公民在作为媒体人、学者表达自身的观点时,要注意自身到底是何种观点,不同的观点会产生不同的影响。就如《环球时报》所表达的:解读这个世界用何种观察角度和思维理念,何种世界就被建构,所以说每个人对于世界的未来都是负有责任的。实际上现今很多媒体人包括政治家都在用现实主义的思路和眼界来看待当今世界的变化,如果大部分人都用现实主义的角度来看待世界,这个世界就会现实主义化。

最后是对于导论意义的论述,从而更好地解释国际社会与理想主义之间的关系。理想主义,要承认国际社会的存在;而承认国际社会的存在,就是对于国际社会进步的一个推动力量;承认国际社会的进步力量发生作用且推动国际社会不断向前发展,就是站在理想主义的角度;坚持理想主义就是相信国际社会是不断向前发展的,而且其力量能够制约一些反社会的力量,也就是逆全球化的力量、恐怖主义力量、反人类的力量等等,从而更好的建立国际社会和国际制度。

二、国际社会的力量与国际治理

首先是对于国际社会的相关论述。一是对于国际社会的概念界定:国际社会的存在以一个主权国家为基础,但又不限于主权国家,甚至在之上、之下和之外。是社会化的国际体系,是德治、规治、法治的主要场所,并且有着共同而不是普遍的价值观体系。二是推动国际社会发展的物质力量是全球化。

其次,论述国际社会的力量。一是国际社会的力量推动模式经历了民族国家、霸权国、国际组织和非政府组织等多种推动模式。二是国际社会力量的作用:(1)巩固主权体系,维护世界和平。1618年之前,国际社会实际上维护世界体系,1618年后是维持世界和平。维持世界和平在很大程度上是维护主权体系的相对稳定,所以维护世界和平不是使国际行为体不发生战争,而是使体系稳定,最后发展成为了不发生战争。20世纪20年代的《非战公约》硬性规定不发生战争,维持世界和平,所以在此之前的和平是体系稳定的内部和平。(2)制约强权政治。制约强权政治主要是靠国际社会的力量。(3)惩治国际法犯罪,这是一个具体问题,主体是公法意义上的国际社会。(4)推进国际治理。国际社会的权力性、国际性使其跨涉国际的一些周边问题,甚至包括一部分的国内治理。与国际治理相关的国家治理以及区域治理、包括权力治理都是属于国际治理范畴,这是供应社会的另一种功能。

最后阐明国际社会与国际治理的关系。坚持理想主义,所以承认国际社会的存在。而国际社会也确实存在，并不断发展壮大。从历史的脉络来看，国际社会从欧洲走向全球。20世纪苏联、美国的加入也使得国际社会的力量不断地深化和制度化，形成了规治、法治和德治的治理模式，最后形成了当今的国际治理。

三、全球治理之于国际社会演变的作用

国际治理发展到一定阶段就产生全球治理，全球治理是国际治理比较高的一个阶段。首先是对于全球治理作用的探析。全球治理不是推动了权力政治，而是不断地制约权力政治的发展，弥补权力政治的不足，推进了国际社会力量的强大和国际权威的形成，更好地维持全球的共同发展与和平。

其次是全球治理对国际社会演变作用的思考。国际社会演进的大方向是：战争合法性不断限制、国家对外行动更加社会化、大国软实力日渐重要、国际治理正当性增强。一是战争合法性的不断限制。以中国为例，中国的和平崛起发展到了一定时期，国际社会对于中国产生了一种畏惧情绪，要求中国对战争与和平问题不是回避而是做出一些解释和说明。加之，中国在参与治理全球社会或是在全球治理过程中一定涉及全球的安全治理，而全球安全治理在特殊情况下会采取一定程度的暴力手段，这种暴力是否合法？当今国际社会的发展演变过程使得战争的合法性不断降低，对于发动战争的约束越来越多。想要发动战争，战争合法性程度必须达到较高的水准。二是国家对外行为更加社会化。国家的对外行为要考虑国际社会的态度和观感，要寻求国际社会的支持，要使国家行为更加符合国际法、国际道德，要增加更多的行为正当性。三是国家软实力日益重

要。四是国际治理的正当性增强。治理有效正当，国际社会的治理也会朝着这个的方向发展，在这个发展过程中又要涉及全球治理问题，因为全球治理在很大程度上是国际治理的一个具体应用。

第三，对全球治理的概念界定。全球治理是国际关系行为体多元合作发展到一定阶段的政治反映，是国际政治社会化的内在要求，是国际治理的较高形式，是国际社会影响国际政治的重要体现。全球治理实际上就是政治和社会的合作。政治就是权力，是国家权力、大国权力。社会即除国家之外的一些其他行为体。在国内除政府之外的称为社会；国际上大国或国家之外的行为体叫社会，也就是所谓的非政府组织。但国际社会上除了非政府组织之外还有其他组织，例如政府间组织、跨国公司等。实际上包括个人、组织、非政府组织、以及政府组织与国家分享国际权力，这就叫治理，治理一定是社会的参与模式。

第四，概述全球治理的作用。一是全球治理是一种总体治理而不是局部治理，它使得霸权治理的成本越来越高，从而宣告了权力政治的进一步式微。主要表现在美国方面，美国不再想或是很难去领导国际社会的全球治理的原因，一方面除了美国本身的实力确实下降之外，也是由于全球治理的成本不断上升，并且在全球治理过程中应尽的义务比收获少，加之整体治理、全球事务的维度加大、成本增加，美国如果以过去的霸权治理方式来进行全球治理是很难继续支撑下去的。所以美国选择放弃一部分领导权力，也就是说，美国如果按照传统的方式来治理世界的话，是无法维系全球治理的，从这个角度上讲，特朗普的对外政策和全球战略具有一定的合理性。二是全球治理是一种规则治理，实质上增强了国际法治的作用，提高了国际社会的法制化，同时使得政治权威向法治权威的转化。全球治理是一把双刃剑，是以理想主义为基础的，但理想主义发展过快会导致国家要做出更多的主权让渡，国家的治理成本增多，对国际治理现代化的要求也在提高，使得国家难以接受。以英国脱欧为例，欧盟对于英国的干预不仅仅是一个简单的利益问题，对其政治操作也会产生很大影响。就像欧盟对于德国等成员国立法的制约，范围甚至细微到州。德国州法的立法制度本来就存在矛盾，州议会和联邦议会争夺立法权，而欧洲议会在挤压和排挤联邦议会的立法权，导致州议会、联邦议会以及欧洲议会之间立法权的残酷竞争。英国和其他国家想脱离欧盟，就是因为欧盟存在针对主权的一个很大挑战，所以说全球治理的压力是很大的。对于当地的统治、统治者、执政者都存在很大的压力，不仅对美国，中国、澳大利亚也都有类似的问题，只是反映的程度和方式不一样。三是全球治理是一种危机管理，要求适当集权，特别是应急权，这进一步要求各国增加政治服从意识，让渡更多主权和治权。全球治理是全球性的危机管理，而过去全球性的危机管理经验较少，过去是定项的或是专项的管理。比如古巴导弹危机，在该问题上，核武器应怎样部署，美苏两国应如何去管理世界上的核安全问题，当时都值得思考。后经各国协商一致同意签订《核不扩散条约》，对于扩散问题达成共识。但现在的危机管理已经超越了传统的危机管理，不仅包括传统安全问题，还有大量非传统安全问题，包括卫生等各方面，所以这对国家提出了较高的要求，要求适当的集权。除此之外，全球治理对国际社会的发展提出了更多要求，具体提了哪些要求，需要深入探讨。危机管理的性质是行政权的增加、权威的集中，也使得这对一些政治和行政的关系上都有很大的影响。

四、全球治理领导权与世界性权力转移的异同

全球治理领导权和世界性权力转移，我认为应该将两者分开来看，而之前并没有分开。不能认为全球治理领导权转移和世界性权力转移完全相同，如果两者完全相同，那就意味着美国放弃了世界性权力，但美国现在仍是霸主，放弃的只是全球治理的领导权，而不是世界政治的领导权，而世界政治的领导权和全球治理的领导权之间还是存在差异的，如果把这个问题分开，将有助于分析现在的国际大事。

而两者之间主要存在以下几点不同。第一，全球治理领导权的核心是提供公共物品，实际上主要是组织协调，世界性权力的核心是权力的获得，实质性是世界资源的分配。从某种意义上讲，全球治理的领导权更多的是要付出并提供公共物品，世界性权力虽然也需要提供公共物品，对霸权国而言，需要把提供世界性公共物品作为主要的职能之一，如果不能提供公共物品，就不能成为霸权国。但是全球治理的领导权把提供公共物品作为首要任务。第二，领导权的变迁只是一个全球性的过程，全球治理领导权的转移以理想主义观之，后者则以现实主义观之，是物质性权力转移与社会性权力——国际权威转移。

全球治理领导权转移主要是理想主义范式，要以理想主义的角度来看是全球治理领导权，因为理想主义是从国际社会演进和人类进步的角度，希望大国承担更多的责任，更加公正、合理平等地往前走，希望世界领导权的比重大于全球治理的领导权比重。现实主义并不如此，认为世界性权力、国际政治资源的支配权更为重要，强调义务和权力是相对的。这就是现实

主义和理想主义的区别。第三，全球治理领导权的转移和世界性权力的转移都属于领导权转移的过程，转让方和接收方往往是同一的，同时也有错位和迟滞。但是同一个时期，从不同层面看有时候是分离的。分离主要是在全球治理成为国际政治的主要矛盾之前，该时期世界性权力的转移就是领导权力的转移。

20世纪60年代的《世界周期理论》、吉尔平理论认为两者是没有分开的，因为全球治理还没有成为当时的流行词语。学者最多的观念是站在新现实主义的角度来看；20世纪七八十年代坚持现实主义；80年代基欧汉是从经济学的层面论述，并没有区别这两者之间的关系，所以分开是有意义的。而错位和迟滞主要是体现在中美之间，美国现在将两者分开，强调的是世界性的领导权，不是全球治理的领导权。中国强调全球治理的领导权，其世界领导权力与美国相比差距较大，中国不会、也不愿去控制和抢夺世界政治的领导权，但可以承担一部分全球治理的领导权。将两者分开，才能在这个框架里和在这个区分下将其看的更清晰。

五、全球治理领导权转移的一般理论

第一，在全球治理领导权转移上一般认为或假定，国际社会要形成关于处理全球治理核心问题的共识和强烈期待。对于治理的核心问题有强烈期待，这是前提也是社会基础。社会基础也是观念基础。

第二，新兴领导者是共识的倡议者和体认者，且有强大的软硬实力来落实倡议。全球治理权力的转移就是新晋的领导者形成的一种制度性安排。

第三，新老领导者形成的制度性安排，建立了适应领导权转移的综合性多边国际组织。这种制度性安排最核心的是多边综合的国际组织，或者说是一个国际体系。国际社会如果没有制度的保障，就又回到权力政治上。所以国际制度对于国际政治十分重要。但是由于制度是国家主权让渡的结果，所以不利于中央和世界政府来贯彻，这就是国际制度的脆弱性。

第四，国际社会通过多边战争或是非战争的方式防止领导权旁落到"无道"候选者手中。也就是说在领导权转移的过程中会出现一些霸权主义或是激烈的冲突因素。

六、全球治理领导权转移的历史经验

历史是用来借鉴和总结经验的。全球治理主要是21世纪以来的国际关系史里面的全球治理国际化的内容。全球治理是新问题，但是它的历史可以向前追溯。如果从宽泛的意义上讲，全球治理可以追溯到20世纪初。全球治理并不是没有经验的，人类也是可以跳出"修昔底德陷阱"的，冷战结束已经证明了这一点。冷战并没有通过战争来结束，所以冷战的结束是有进步意义的，不能对其进行全面否定。冷战不仅是美国单独的胜利，更是国际社会的共同胜利。已经部分的走出"修昔底德陷阱"和冷战这个格局的转变，这个观点得到了大多数人的认同，更利于世界向积极的方向发展。

全球治理的历史可以探寻，主要包括三个阶段。第一阶段是20世纪初，当时全球治理的核心问题是"帝国主义及其控制下的世界性殖民体系怎么办的问题"。国际社会的答案是：解放被压迫的民族意志、反对法西斯主义和帝国主义，在全球实行主权平等的制度。世界当时一方面瓜分世界体系，进行列强争夺战；另一方面要求民族解放，一些民族意图加入世界体系，例如中国和土耳其。不认同中国进入世界体系刚刚17年这一观点，中华人民共和国建立的时候就已经进入了世界体系，只是比较艰难，并意图通过不平等条约体系来解决这个问题。当时欧洲社会已经向国际社会转变，世界历史已经不仅仅是欧洲历史，世界政治也不再仅仅是欧洲政治，美苏逐渐发展，还有东方也在进行系列革命，全球政治的雏形开始出现，国际社会已经开始向全球社会转变。但是这全球性问题——东亚民族自决问题，也就是世界殖民体系要不要维持的问题仍没有解决。

而美国、苏联以及广大的发展中国家赞同东亚发展民族自决，美苏当时一致的共同推进使得世界性殖民体系崩溃，同时广大第二民族的斗争和自然割裂也起到了一定的作用。当时的政治领导权转移是从作为政治领导者的英国向崛起大国美国的转移，转移用了大约半个多世纪的时间，在这个转移过程中有一个多边性的综合国际组织，就是国际联盟，这次转移经过了国际联盟倡导、主导和退出等各种制度的较量，最后是以第一次世界大战、第二次世界大战来完成的。值得注意的是，德国、日本作为英国领导的反对者最终失败，退出了领导权之争。国联就是联合国的前身，国联的精神基本被联合国落实，联合国的大多数精神国际联盟都曾有过，实质上变化不大，只不过联合国更加制度化和有效化，而且联合国的主导者和倡议者由英国转向了美国。在全球治理的领导权和世界政治权力的转移过程中，出现了一种方式——"修昔底德陷阱"事件。

第二阶段是从二战结束到"9·11"事件，当时全球治理的核心问题是"发展中国家和社会主义国家怎么办"。国际社会的答案是：顺应经济全球化大势，和平发展合作，完善全球市场经济体系，加强南南合作和南北对话，反对世界政治的阵营化。领导权的转移是一个被动的转移，但是世界格局的改变并不是被动的，世界格局发生的重大变化，促进了全球治理的转移和调整。但是主导者并没有变，只是领导的方式从美苏联合领导过渡到多极化的政治形态。这时新兴大国开始崛起，它们参与到世界领导中主要表现是从印度倡导的不结盟运动，到中国的和平共处五项原则，以及后来的南南合作等等。此外，联合国权力有所下降，联合国体系处在不平和的发展阶段，但总体来看只是微微的调整。所以全球治理领导权转移，体现在以美国为主的两极格局向以美国为主的多极格局转换，苏联先兴后衰，最终一度退出了联合国领导行列，中印等发展中大国在一些领域开始发挥作用，联合国体系的作用在退化，实际上是一种次要的领导权的转移，未从根本上触动主要领导权。

第三阶段是20世纪以来至今。现在进入了全球治理的第三个时期，这一时期的核心问题不像第一个时期的世界性殖民体系的问题，也不像第二个时期的发展中国家和发达国家之间的问题，或者是社会主义国家和资本主义国家之间的问题。这个阶段的主要问题是回到了人类，"人类怎么办"是该时期全球治理的核心问题，其实是20世纪70年代就已经提出的问题。到了21世纪，这个问题越来越受到关注，人类怎么办成为了全球治理的核心问题，这时期的全球治理开始超越国家治理和区域治理，成为国际政治的基本矛盾之一，成为全面性的国际公共管理危机。这个核心问题已经引起了广泛的关注，美国也同样关注，在奥巴马任期内，对于该问题有了更加深刻的认识。

现在情况已经发生了一些变化，由于美国作为最大的发达国家采取了不断收缩的战略姿态，因此国际社会期待一种新型的全球治理引领者出现和新型全球治理体系变革。这个时期对于全球治理的领导权也提出了新的要求，就是新的领导者要有更加长远的战略视野，站在更高的道义立场思考整个全球政治问题，更加注重人类的整体利益，更加注重在世界政治领导权和全球治理权中提供更多的公共物品，而不是仅仅从自身的国家利益出发，必须摆脱过去以霸权为主导的全球治理方式，过去叫霸权现在叫霸权加，这个时期对于新的领导者提出了更高的要求，这次治理也更加具有转折性。

七、领导权转移的当代要求与特征

现今领导权转移的特征包括：

第一，领导权转移要落实人类整体要求和利益原则，坚持全球化为人类服务的理念，反对地缘政治、强权政治、民粹主义、逆全球化、民族主义等合流。落实人类整体要求和利益、坚持全球化为人类服务的理念，主要是落实人类怎么办这个核心问题。同时也要反对地缘政治、强权政治等错误思想的合流。当前国际社会分为两大阵营，即全球化阵营和反全球化阵营，但不能称为阵营化。要坚持全球化的立场，建立一个拥护全球化的最广泛的统一战线。特别是要反对几种错误思想的合流，融合的思想与单一的思想性相比较而言，更具有危险性。法西斯本身没有问题，国家主义也没有问题，社会主义同样也没有问题，但是国家社会主义就会产生问题。将一些极端理念中的极端部分融合在一起，就会更为极端。以民粹现实主义为例，就是民粹主义与现实主义的合流。秦亚青老师认为，民粹现实主义主要在美国有明显体现。而我认为不光是这两个主义的合流，还有一些其他的合流，比如逆全球化。逆全球化中融入民粹主义、现实主义，还有民族主义，将会对世界形势产生严重的不良影响，也会对全球治理领导权的转移增加很多的不确定性及不稳定性因素。

第二,领导权转移很可能发生在异质文明之间,因此必须贯彻文明互鉴交流包容原则。第一次全球治理和第二次全球治理领导权的转移都是发生在西方文明内部,此次转移到了中国或者是说此次中国参与了全球治理领导。这次转移较为困难很大程度上就是由于这个原因。现在的孤立主义、"中国威胁论"、贸易保护主义、民粹主义等干扰国际形势,尤其干扰中国外交。其中影响最大的就是"中国威胁论",其来源一方面是物质生活的竞争,如贸易战;另一方面是与文明差异相关,包括理念及观察角度以及文化背景等。现在很多国际行为体如欧盟、新西兰、澳大利亚等国的安全报告或者国会报告中都提到了"中国威胁"。但现在的"中国威胁"和过去又存在差异,我认为这是值得深入思考和研究的议题。

第三,领导权转移的转入方是新兴国家群体,因此对于制度安排的要求更高。现阶段全球治理的领导者不能单说是一个国家,更不能说是中国,准确地说是以中国为首的新兴国家。所以中国要重视金砖国家之间的合作,厘清金砖国家的战略意义。China Plus 是一个群体,是一个新的领导者的形态。如果 China Plus 出现问题,那么全球治理领导权的转移过程就会产生很多困难,因为国家数量的增加使得国家协调的难度加大,制度安排也变得愈加困难。

第四,新兴国与守成国的政治妥协尚未形成。特别是美国奉行孤立主义、贸易保护主义、反封建主义和"新中国威胁论",出现了美国在坚持世界性权力的同时放弃全球治理领导权的现象。新型大国关系就是中美之间达成战略默契和共识,但现在还没有完全达成。在新型大国关系没达成之前,中美之间就已经出现了贸易战和其他问题。

八、领导权转移的中国角色

在美国坚持世界性权力的同时放弃全球治理领导权的态度下，国际社会希望中国接任领导权，不仅仅是因为中国已经具有一定的经济实力，更主要的是因为共产党人的世界使命——为全人类服务。基于国际社会的期待、自身的使命感、实现产业转型走出去的战略要求以及政治上符合经济利益全球化的要求，因此中国主动接手领导权，但同时也要注意几点要求：

第一，坚持建构人类命运共商、共建、共享的全球治理观，推动全球治理体系变革。中国所提出的人类命运共同体的要求是与时代的要求相一致的。

第二，以新型国际关系为基础，有其他大国参与涵盖联合国、二十国集团以及金砖国家等多边组织在内的行使全球事务协调。中国所拥有的领导权应是联合领导权，不是G2，而是G2 Plus，即中美、联合国、G20，还有金砖国家集团。这不仅是一个策略的表述，更是一个建构的考虑。

第三，维护和维持中美关系的主流和大局，与地缘政治、权力政治和霸权政治作斗争，与贸易保护主义、孤立主义、民粹主义、"中国威胁论"等作斗争，迫使美国履行应有的国际责任，是世界性权力与全球治理领导权相匹配、相协调。中美关系有支流有主流，但现在是支流问题比较突出，所以中国更应看清主流。中美间的三个联合公报，使得中美政治关系是相互依存的；全球化的进程，促进了经济全球化的发展，使得中美存在全球新型的相互依赖关系。中美关系在第二次和第三次全球治理过程中都发挥了重要作用，中美合作对于冷战的结束产生了重要影响，冷战中中美的合作避免了霸权主义的畅行。而冷战后中美的合作，避免了最大的社会主义国家和资本主义国家进入再冷战。现今美国一些媒体在讨论，中美双方是否存在再次进入冷战的可能性。实际上通过历史的发展可以看到中美走出冷战的可能性，这也是学习历史的重要意义。

九、结　语

本次讲座是以理想主义为理论背景，首先阐述国际社会与全球治理的关系，认为理想主义的前提就是承认国际社会，承认国际社会存在的观念推动了国际社会的进一步发展。国际社会的力量能够巩固全体系，维护世界和平，制约强权政治，惩治国际犯罪，推进国际治理。而全球治理是国际治理的较高层次。所以总的来说国际社会的演变促进了全球治理的发展，为全球治理提供了平台。

其次，厘清全球治理领导权和世界性领导权以及两者之间的转移问题，并认为两者应该分开来看。一是两者之间的异同，全球治理领导权是从理想主义出发，而世界性领导权则更侧重于现实主义的权力政治。两者的差异主要在对于国际公共物品的提供以及是基于理想主义角度还是现实主义角度；相同之处在都是权力转移的过程，都会出现错位和迟滞。二是与领导权转移相关的一般理论，主要包括：国际社会要形成关于处理全球治理核心问题的共识和强烈期待；新兴领导者是共识的倡议者和体认者，且有强大的软硬实力来落实倡议；新老领导者形成的制度性安排，建立了适应领导权转移的综合性多边国际组织；国际社会通过多边战争或是非战争的方式防止领导权旁落到"无道"候选者手中。学习一般理论则能够更加深入地了解领导权转移的相关问题。三是领导权转移的要求与特征。领导权转移要落实人类整体要求和利益原则,坚持全球化为人类服务理念,反对地缘政治、强权政治、民粹主义、逆全球化、民族主义等合流;领导权转移很可能发生在异质文明之间,因此必须贯彻文明互鉴交流包容原则;领导权转移的转入方是新兴国家群体,因此对于制度安排的要求更高;新兴国与守成国的政治妥协尚未形成。对于领导权转移要求与特征的分析,能够促使领导权转入国更好地参与全球治理。

第三,对于全球治理历史发展阶段以及经验的论述。全球治理实际上是从20世纪70年代就已经提出的问题,主要经历了三个发展阶段:20世纪之前的世界殖民体系问题;二战后到"9·11"期间的社会主义国家与资本主义国家的矛盾;21世纪初到如今的人类应该怎么办。这在一定程度上反映了国际社会、国际格局以及国际制度的不断发展变化,并且能够从中汲取历史经验。

在当今国际社会,全球治理已经成为一个重要的发展议题。但是美国在全球治理领域的战略收缩,已经对国际事务产生了一定影响。中国作为一个负责任的大国,正在积极承担国际义务,参与全球治理。但是中国在参与全球治理的过程中也要坚持几点原则,才能够协调好内部事务和对外关系。主要包括:坚持建构人类命运共商、共建、共享的全球治理观,推动全球治理体系变革;以新型国际关系为基础,有其他大国参与的涵盖联合国、二十国集团以及金砖国家等多边组织在内的全球事务协调;维护和维持中美关系的主流和大局,与地缘政治、权力政治和霸权政治作斗争,与贸易保护主义、孤立主义、民粹主义、"中国威胁论"等作斗争。

在全球治理以及其领导权的转移过程中,中国发挥着越来越重要的作用,因此对于该议题的研究对于中国学界而言是必不可少的,并且该议题随着国际社会的不断发展变化也会相应地增添新的内容,所以具有较大的发展空间和前景,值得进一步深入思考和研究。

二十国集团、金砖五国以及其在国际组织中的参与度

[俄] 安德烈·什列伯夫（Andrey Shelepov）

我来自国际组织机构研究中心（CIIR），我们研究所主要有三个研究方向。一是关于经济合作与发展组织的规则对非成员国的影响的研究。例如：中国、印度、俄罗斯，它们是经合组织的合作伙伴，但不是经合组织的成员；尽管如此，对于这些国家来说，采用一些经合组织的做法是有好处的；引入一些经合组织的国际性规则、语言惯例等有利于国际经济秩序、贸易往来、关税以及其他方面的规范化。二是关于新发展银行的研究，这里指金砖五国的新发展银行，以及亚洲基础设施投资银行。中、俄是这两个机构的成员国，在这两家银行的运营中有一定的话语权。建立以来仅3年，这两家银行就开启了建立多边发展银行的新征程，并引入一系列新机制、新方法。三是关于非正式全球治理的机构的研究，主要是二十国集团和金砖五国。我们从不同角度来研究它们，今天，我将会和你们分享一个与这个大领域相关的具体研究成果，主要是关于二十国集团、金砖五国以及它们在其他国际组织中的参与度。在我的分享过程中，如果你有任何疑问，请不要犹豫，及时提出就好，因为我会研究得更多一点，而不是讲课，所以及时提出你的疑问也

有利于我的分享。

首先,关于二十国集团和金砖五国组织的建立背景。它们都是在全球性金融危机的大背景下建立的,并且全球金融危机和这两个组织的出现引起了关于潜在的全球治理机制崩坏的讨论。然而,二十国集团和金砖五国组织的出现是引人瞩目的,因为这是对全球经济的可持续发展能力、结构性改革以及战略合作伙伴关系的回应。与此同时,改革现存国际组织的动力不足,这使得经济新兴国家很重视争取在国际治理中的发言权,所以它们成立了金砖五国这个新兴国家的组织以及二十国集团这个相互合作与共识达成的平台。

有时人们会批评我前面提到的潜在的全球治理机制崩坏,但是我认为这并不代表着全球治理需求的减少。我们曾经称它为"创造性崩坏",也就是说,在经济、政治形势都发生了巨大变化的今天——这个以国际挑战急速增长为重要特征的新世界,这种"崩坏"实际上反映了一种正在增长的需求——对治理一个新世界的新原则新方法的需求。所以成立二十国集团和金砖五国组织的目的就是使多边合作更加全面,尽管现在局部全球治理的崩坏仍使合作的效果大打折扣。在此,我想引用一下多米尼克·斯特劳斯·卡恩——前国际货币基金组织(IMF)总裁——在2011年说过的话:"《华盛顿共识》已经成为历史,我们现在的当务之急是重建世界稳定的基石,这个基石要能经受住时间的考验,使下一阶段的全球化为所有人谋利益。重建过程包括三个核心层面——经济政策的新举措、社会凝聚力的新方法、多边合作的新角度。"所以最大的挑战并不仅仅是解决当下毁灭性极强的金融危机、环境危机,还要考虑过去在民主这条路上的挫折,从长远促进全球各方面的发展。我们知道,以前有八国集团,但是它的成绩有限,更为致命的是没有恰当处理全球危机，所以有了二十国集团。

二十国集团和金砖五国组织分别成立于2008年和2009年，至少从某种程度上，加强了全球合作、促进了全球经济增长，并在避免全球性危机上取得了一定成就。二十国集团是为了应对全球危机、改革金融体制和金融机构、构建新共识，这些是七国集团、联合国和其他国际组织所没有做到的。后来，二十国集团的成员国把它视为经济合作论坛，其成果转化成了全球联结网络的一半。这是引用的约翰·柯顿的话。我知道他前几天来过这里给大家讲课，并且我个人很同意他的观点——二十国集团现在占到正在扩大的全球联结网络的一半。至于金砖五国组织的建立，它是为了加强不同经济体制成员国之间的经济合作、政治共识与联结。它的成员国已经达成共识——共同促进国际组织机构的改革，这样经济新兴国家可以通过这个组织在世界舞台上发声。

金砖五国不仅自身的部分成员国的经济在快速增长，它为国际社会做贡献的能力也在增强。这体现在它的成员国之间以及与外部交流合作机制的扩大深化、对承诺的一致遵守和新发展银行的建立——这是一个重大的成就。就像你们很多人都知道的，这所银行的业务范围和影响力也在不断扩大。这两个组织与其他国际组织，如联合国、世界银行和世界贸易组织的交流合作在增多，但是它们也有局限性，例如二十国集团组织的有效性与合法性遭到质疑，甚至有学者认为二十国集团是失败的。尽管如此，二十国集团做出了促进国家之间更广泛合作的承诺，并且它也是主要的国际经济合作论坛和某种程度上的组织合作新形式。新形式体现在成员国之间合作方式多样、与外部其他组织的合作方式多样。

让我们来关注金砖五国，金砖国家遵循开放透明、团结互助、深化合作、共谋发展原则和"开放、包容、合作、共赢"的金砖国家精神，致力于构建更紧密、更全面、更牢固的伙伴关系。它的成立对美国在世界的地位造成了一定的冲击并且也挑战了自由的国际经济秩序。尽管它也在国际治理中寻找并稳固自己的位置，它们仍然培养起了自己的凝聚力、设置了全方位的日程。金砖国家对它们所达成共识的执行力在增强，并且我认为，金砖五国与西方国家在一些经济问题上有着广泛且互利的合作。所以，金砖五国是决定游戏规则的先导者，但它还不能与其他一些西方国家的组织相提并论。

前面我已经讲过二十国集团和金砖五国的建立背景相同，都是在全球金融危机下建立的，所以它们有一些共性——都被叫作"峰会机构"，其突出特点包括：自愿原则、发展中国家占主导以及在全球国际组织体系中占重要地位。在全球治理中的作用以及与其他国际组织的合作，增强了两个机构的合法性和全球的影响力。

前面我也提到全球治理失灵的风险，尽管这两个机构不是专门为了全球治理而设立的，但是它们仍对全球治理起到了积极作用，这主要体现在：促进国际分工、减少各国孤立主义和竞争对抗的风险、增进人类整体凝聚力和相互信任、加强全球合作。

我这次讲座的核心内容，是关于二十国集团和金砖五国在全球组织中参与度的对比研究成果。我们建立了一种模型：该组织的参与度代表着它的主要目标和使命以及在全球治理中的权重，并且这种参与度是随时间变化的。现在我来讲一下研究使用的模型和方法。总的来说这是一个比较难的研究，它沿用"组织是利益集合体"的思维模式，也就是说，我们认为组织是各国为了共同的利益而建立的，这个组织的各种活动与这些国家的利益息息相关。这样，这个模型就可以解释说明组织的起源、发展和改革以及与其他组织的互动。从这个模型来看，二十国集团和金砖五国是通过各国领导人之间的自愿协议建立的、有着具体目标和任务的组织。来自不同文化、不同大洲、不同经济发展阶段的各成员国秉持基本相同的理念，通过高度战略化的行动来争取共同的最大核心利益。各成员国领导人之间的战略合作在很大程度上决定着组织的政治合作结果。成员国可以自愿选择以对自己最有益的方式与其他国际组织合作。

"峰会组织"与其他国际组织的合作可以分成三类："催生促进""核心小组""并行合作"。"催生促进"即二十国集团和金砖五国通过支持、促使或迫使国际组织改革来对它们施加巨大影响。"核心小组"即二十国集团和金砖五国在一定程度上引导着国际组织的前进方向，这是通过以下方式实现的：授权其他国际组织或给予它们所需的政治领导力，使它们能赢得自己的成员和国际社会的支持来继续自己的事业。"并行合作"即二十国集团和金砖五国设立自己与其他机构平行的或者类似的体制机制。举个例子：新发展银行是由金砖五国建立的，一些专家认为它是与世界银行等其他国际金融机构并列的，我个人不完全同意这种观点，但是，不可否认的是新发展银行与世界银行有着相似但属于不同纬度的功能，它是为了处理一些其他机构所不能处理的问题而建立的。

我们的分析方式分为定量分析和定性分析。第一部分是为了测量金砖五国与其他国际机构的合作及活跃程度。这个定量分析有三个参数，它们是：一个特定的组织提及到它的次数、它在所有被提及总次数中的占比以及所谓的"强度"，可以说是衡量这个国际组织重要程度的指数。来看这个简单的公式：$D1 = M1/S1$。D1 是指二十国集团或金砖五国在一个特定国际组织在给定的一年里被提及的强度；M1 是这一年里二十国集团或金砖五国被该机构提及的次数；S1 为这一年的所有文件中字词的总数。另外，为了便于理解，D1 被乘以 10000。我们分析的另一方面也就是第二部分是定性。它是为了弄清二十国集团和金砖五国与其他国际组织的合作方式，也就是我之前提到的"催生促进""核心小组"和"并行合作"。

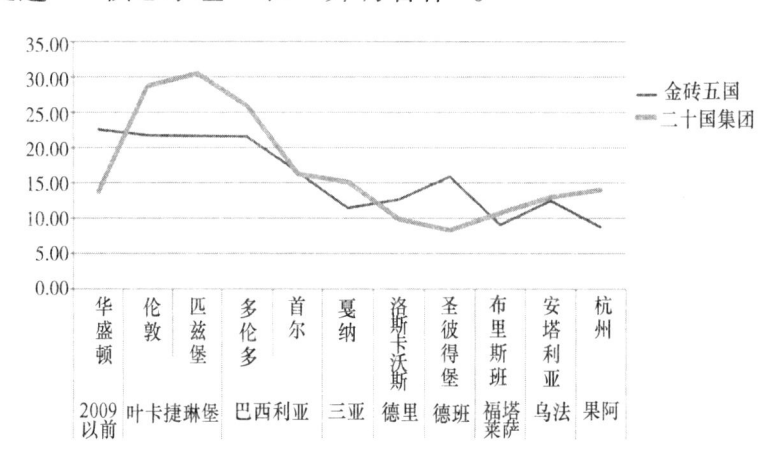

图 1

上面图 1 展示了两个组织自 2009 年以来的"强度"。经历了圣彼得堡的低谷后，二十国集团的"强度"在杭州峰会中大大增强。尤其是在中国的努力下，二十国集团杭州峰会的日程表使得各国际组织都能各抒己见，而中国在日程表的制定中发挥着十分积极的作用。

现在让我来看一五关于二十国集团和金砖五国的最重要部分。

表 1

	二十国集团	金砖五国
在国际组织中被提及次数	100	54
所有文件中字词的总字数	5749	1045
"强度"	13.31	10.61

续表

	二十国集团	金砖五国
最密切的前七个组织	国际货币基金组织	联合国
	金融稳定委员会	二十国集团
	经合组织	世贸组织
	世界银行	世界卫生组织
	联合国	国际货币基金组织
	巴塞尔银行管委会	新开发银行
	防制洗钱金融工作组	应急储备安排
催生促进（%）	57	70
核心小组（%）	23	1
并行合作（%）	3	10

根据表1，二十国集团在国际组织中被提到的次数约有100次，这些国际组织各种各样，有地区性的也有全球性的，有专业化的也有全面化的。这其中有8个二十国集团自己的组织。正如图2所示，与二十国集团合作最密切的前7个组织中，国际货币基金组织与联合国的差别很大。这也正可以看出二十国集团的本质是通过与国际金融组织合作来处理世界性金融问题的。

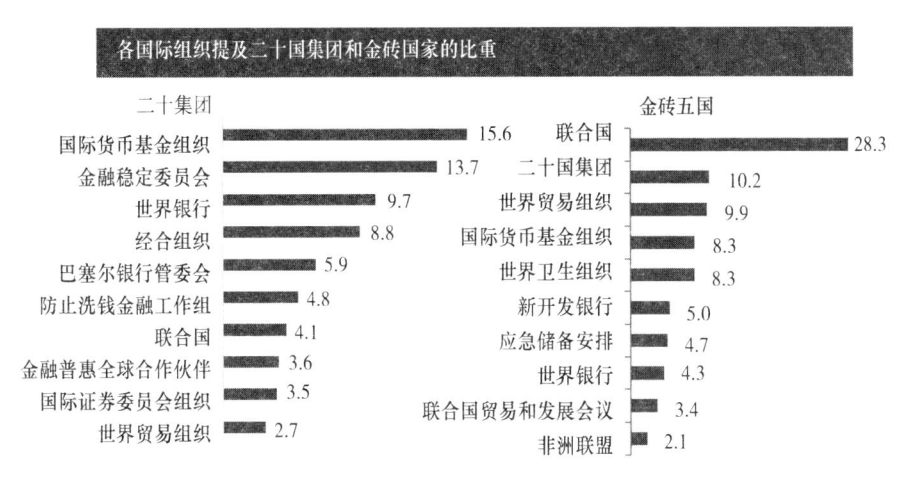

各国际组织提及二十国集团和金砖国家的比重

二十集团
- 国际货币基金组织　15.6
- 金融稳定委员会　13.7
- 世界银行　9.7
- 经合组织　8.8
- 巴塞尔银行管委会　5.9
- 防止洗钱金融工作组　4.8
- 联合国　4.1
- 金融普惠全球合作伙伴　3.6
- 国际证券委员会组织　3.5
- 世界贸易组织　2.7

金砖五国
- 联合国　28.3
- 二十国集团　10.2
- 世界贸易组织　9.9
- 国际货币基金组织　8.3
- 世界卫生组织　8.3
- 新开发银行　5.0
- 应急储备安排　4.7
- 世界银行　4.3
- 联合国贸易和发展会议　3.4
- 非洲联盟　2.1

图2

这是二十国集团和金砖五国在国际货币基金组织与世界银行中被提及的"强度"。如图3所示，尽管二十国集团在世界货币基金组织中的"强度"从2009年以来下降了将近4%，它仍是二十国集团最主要的合作伙伴。

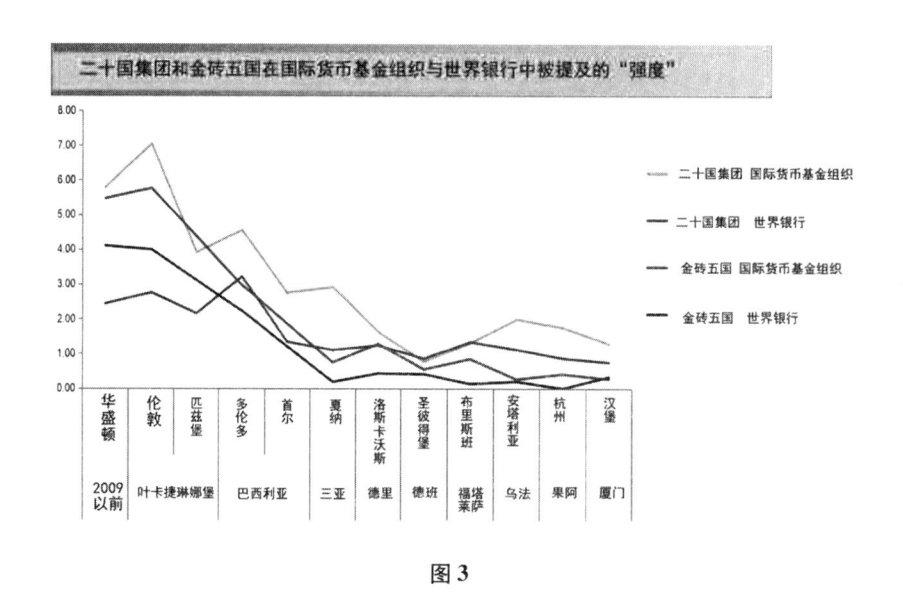

图3

下面图4可以看到二十国集团在金融稳定论坛中的"强度"。金融稳定论坛的目的是评估影响全球金融稳定的问题，以及研究及监察为解决这些问题而需要采取的行动，它与二十国集团有着密切的合作。至于经济合作与发展组织，与二十国集团合作的密切程度排第三。二十国集团一直以来依赖于经济合作与发展组织应对风险和政策分析的专业性。除此以外，二十国集团与经合组织在其他方面也有合作，例如组织机构的改革以及贸易责任制等等。并且二十国集团对经合组织的依赖还在增加，主要因为其主旨任务和日程的增加。

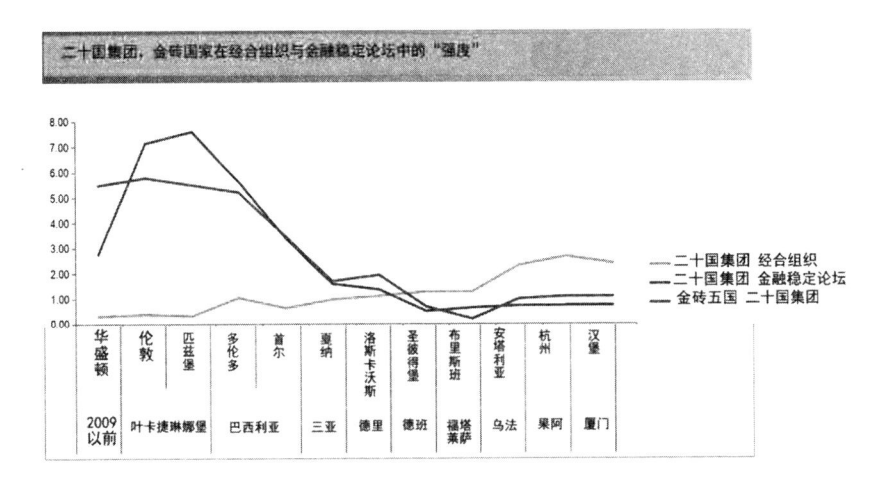

图4

所以从经济危机管理到一系列包括全球经济金融决策的制定，二十国集团有着有力的理论支撑。同时，经合组织通过向非成员国施加影响力，想要从外界获得一些政治上的重要性，所以经合组织和二十国集团之间的这种"同盟关系"对双方都是有益的。例如，在二十国集团、经合组织的债务项目中，超过100位的成员国不仅仅来自两个机构，也包括非洲一些非常贫穷的国家。所以，如果没有二十国集团，经合组织不会将自身影响力扩展到这些国家。而且自从2015年圣彼得堡峰会开始，经合组织在二十国集团的对话文件中被提及的频率已经位列第一。联合国在二十国集团的文件中提及频率占比为5.4%，今后二者之间的合作会更加关注发展问题，比如可持续发展目标、食品安全和气候变化。在杭州二十国集团峰会上，联合国的被提及次数和被提及频率达到了新的峰值，这些增长以及二十国集团和联合国之间合作的加强，与二十国集团想要更好解决全球发展问题、实现可持续发展目标，以及让联合国采纳它提出的这些目标的意愿有越来越多的联系。

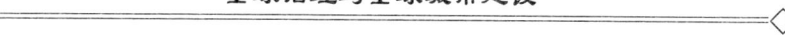

二十国集团与世贸组织之间的交集。虽然世贸组织并不在二十国集团的前7位伙伴名单中,但国际贸易处于二十国集团议程中十分重要的地位,从它在华盛顿的第一次峰会开始,一直承诺解决保护主义、取消已经存在的保护主义措施。除此之外,在伦敦峰会上,二十国集团授权世贸组织要求其成员实行反保护主义政策。现在,世贸组织、贸发会议和经合组织一起定期发表关于二十国集团成员国引进损害自由贸易和与世贸组织规则不相容措施的报告。但是这些交集还是太狭隘了,尤其是在二十国集团的事务面越来越广的情况下。结果,世贸组织在二十国集团相关文件中的被提及频率只排了第九,贸发会议作为世贸组织的伙伴,其被提及频率大约为1%,排名第十四。最后,我想提一下国际劳工组织,它与二十国集团的对话合作情况与世贸组织相似。事实上,对于二十国集团来说,自从建立以来劳工问题一直是它议程的核心,但是由于这是一个比较小的领域,国际劳工组织在二十国集团对话文件中的被提及率大概是3%。一直以来,二十国集团在对话中所提出的议题主要是关于创造就业、实施政策等,与国际劳工组织的根本原则相一致。

关于金砖五国,与它有交集的国际组织为54个,这个数字比二十国集团大概低了一半,而被提及的次数大约低了6倍。一部分原因正如我提到的,是因为金砖五国和二十国集团文件的性质不同。所以,尽管相比之下金砖五国的被提及次数比较低,但是二者能被提及强度却是差不多的。比较重要的一点是,在金砖五国的7个最重要的伙伴中,有两个是它自己的机构:新发展银行和应急储备安排。

但是,这两个机构不在前5位,金砖五国最重要的交往伙伴还是联合国。这用金砖五国的议程很容易解释,因为金砖五国一直在全球体系中提倡把人民币"元"作为核心，它们相信"元"可以有效解决各种问题。所以，在金砖五国的文件中，"元"的被提及率占了主导地位。金砖五国与联合国对话的主要内容是可持续发展目标，而二十国集团则是金砖五国对话中第二重要的伙伴，可以用这样一个事实解释：虽然金砖国家根据各国间的经济合作决定它们的议程，在全球治理、改革全球金融机构、为金融监管制定新的标准方面，很大程度上金砖五国依赖着二十国集团。所以，在每个峰会上，金砖五国采纳很多关于全球经济金融改革等的建议，尤其是二十国集团提出的。世贸组织作为第三位，在金砖五国的对话中情况与联合国相似。

金砖五国提倡一个自由的、多向的贸易体系，并指明世贸组织来监察贸易规则的执行，所以，每年的声明都提到了世贸组织。现在我们来看一看金砖五国自己的两个机构：新发展银行和应急储备安排。前者首先是在 NEW DAILY 中提出来的，当时印度提出了要建立一个新的由金砖五国管理的金融机构的想法。同年，金砖五国在一项声明中要求五国的财政部长评估建立这所银行的可行性，以便能够为金砖五国基础设施建设和可持续发展项目调动资源。创立这家银行最初的意图是支持、补充现有的其他的地区多边银行做出的努力，以便于促进全球经济增长和发展。新发展银行自从 2016 年开始全面运行，现在金砖五国的对话中，它的平均被提及率达到了 6.4%，并且还在继续增长。

金砖五国在声明中提及这所银行的一些项目并且要求它加入到一些新的领域中来，比如一些 IT 项目。对于应急储备安排也是一样，几年后，这种机制就被建立了并且全面运行起来。在金砖五国的对话文件中，应急储备安排所占的被提及率大概和新发展银行一样。同样的，在这前 7 个组织中以及它们之外，在一些主要问题上存在着差异。比如，贸发会议在二十国集团对话中仅排第14位，经常被金砖五国提及，被提及率占比排在第八位。金砖五国积极从发展的角度考虑贸易、投资、金融和科技这些相互联系的问题，不像二十国集团，金砖五国注重加强发展中国家的政策、对话和共识的达成。金砖五国不愿为了某个特定的目的偏向其他机构，相反它尝试去从自身的位置描绘全球治理系统应该是怎么样的。所以，它以联合国为中心、以世贸组织为主要形式来处理全球贸易问题，以二十国集团为经济合作的主要形式。

另一个我想提到的机构是非洲联盟，对于二十国集团来说，它算是个"外人"，就被提及频率而言只排在第44位，对于金砖五国来说，它被排的位置更低。同样的，这是一种差异，可以用二十国集团和金砖五国本质的不同来解释。就发展问题而言，二十国集团提及最多的是联合国，因为它负责设定可持续发展目标。金砖五国成员尝试引进一种更切实际的方法，使之不仅包含全球机构，也包含一些地方组织和倡议。所以自从2015年德班峰会以来，非洲联盟在最近的国际组织对话中愈加活跃。金砖五国也做出承诺，要在工业化、投资等方面帮助非洲国家。除此之外，金砖五国承认非洲联盟的发展、支持它为欧非经济发展所做的努力。

由图5可以看到，二十国集团和金砖五国对于各个组织的提及强度随着时间在发生变化，这些变化是与这些机构的当下议程相关的。比如，在金融危机期间，国际货币基金组织和世界银行的被提及频率比较高。

现在，我们来看一看两个机构与国际组织间的交集有哪些模式，这是二十国集团尝试用一些不同的方法与其他机构打交道的例子。首先是"催生促进"，在圣彼得堡峰会时，二十国集

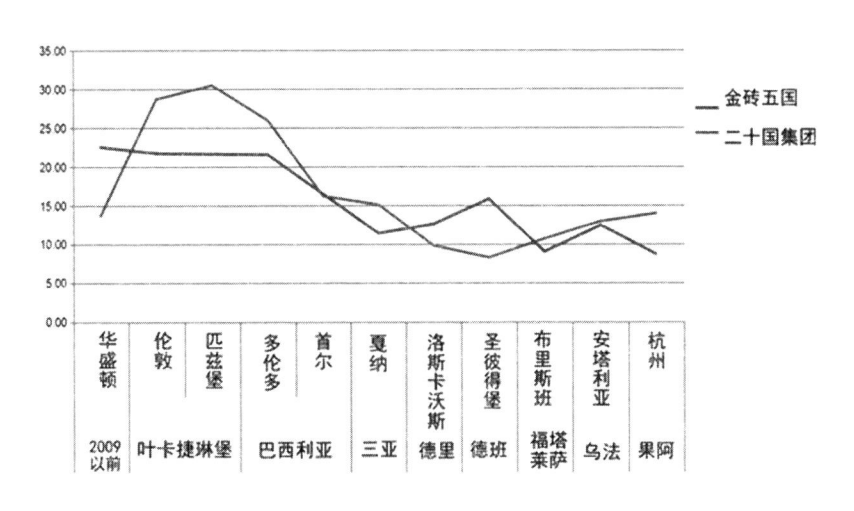

图 5

团呼吁世贸组织成员国实施了一些措施。"催生促进"仅代表支持，别无他意，所以它们并没有要求世贸组织成员去做一些没有授权的事。第二个例子来自《多伦多声明》，它是关于金融稳定性的一个倡导，处理一些可持续发展机构的问题。很明显二十国集团想要施加一些影响力，它授权俄罗斯联邦调查局，如果我们看一下下一年声明的文本，可以看到俄罗斯联邦调查局已经准备了关于可持续发展机构的报告。

就与世贸组织打交道而言，二十国集团通常使用"催生促进"，并且我们知道这些"神秘的"会议通常产生不了任何积极的结果。而且二十国集团不改变它的标准，一直重复相同的承诺。对于某些机构是不一样的，这是不同的过程，二十国集团举办峰会时，某个特定的组织得到授权，下个峰会召开时，这个组织会准备一个初始报告，二十国集团在峰会上也会要求这个机构做出合理的推荐。同样的，这种循环重复着，所以下一个峰会的合作组织正在准备这样的推荐，二十国集团会采纳这个推荐并且让它的伙伴在国家层面上监督执行。对于经合组织，情况是差不多的，二十国集团让它准备一个关于一些问题总体的报告，然后让经合组织制定一些能够解决这些问题的措施。现在，所有二十国集团成员都承诺为这些推荐对国家立法做出一些调整。

最后是"并行合作"，事实上，在二十国集团对话中这并不经常出现。总的来说，"并行合作"的例子占二十国集团对其他机构被提及频率的3%左右。这些例子中许多反映了基础设施投资和治理方面一直存在供求缺口。在布里斯班峰会上，二十国集团发起了《二十国集团全球基础设施倡议》和《全球基础设施枢纽战略》，首尔和布里斯班峰会之后，二十国集团并没有停止为解决基础设施资金缺口问题而努力。为了使合作更加具有包容性和有效性，二十国集团要求银行和其他国际机构密切合作，比如经合组织和多边发展银行。

总的来说，二十国集团虽然使用所有这三种合作方式与其他机构打交道，但还是偏向于使用"核心小组"这一方式。回到二十国集团作为全球网络枢纽这一特点上，它借用其他机构的专业知识，通过授权让其他机构执行一些任务。就金砖五国而言，它与其他机构打交道的方式是不同的，金砖五国偏爱的方式是"催生促进"。它与联合国和二十国集团的合作内容虽然完全不同，但作为金砖五国对话中被提及频率最高的两个组织，很明显金砖五国与它们打交道时使用的都是"催生促进"。这里是一个例子："我们提倡让二十国集团变得积极主动，并且制定出一个应对后危机时期的策略。"（《巴西利亚联合声明》）

尽管这些机构的本质不同，但它们对联合国的提及频率很接近，所以这些国家正如我所提到的，遵循联合国的核心规则，并且希望创建一个稳定、和平、公正、多元的国际秩序。除此之外，金砖国家提倡让联合国进行一个更加全面的改革。在所有与联合国的合作中，金砖五国的方法都与二十国集团很相似，所以它们提倡进行一些改变，但是却没有迈出关键性的步子，也没有要求其他国际组织去完成一些任务等等。但是，在某些情况下，二十国集团和金砖五国与其他机构之间的合作是比较相似的，第一个例子是在金砖五国对话中对世贸组织的被提及频率，这与二十国集团对世贸组织的被提及频率基本是一致的。在国际贸易这一领域，世贸组织受二十国集团的影响不是很大，因为它的议程具有敏感性。总的来说二十国集团成员国做出了承诺来反对保护主义措施，但是实际上在每一个峰会上，很多国家不遵守那些承诺。所以，当一些成员在其该负责的领域不想遵守承诺时，找到共同观点或者在为一些国际机构授权问题上达成共识不太可能。

金砖五国与二十国集团之间的另一个区别在于它们采用"并行合作"方式的频率。不像二十国集团，金砖五国在许多涉及政治问题的领域都使用了"并行合作"的模式。对于二十国集团来说，我之前提到的8个组织机构的被提及次数都很少；对于金砖五国来说，情况就不一样了，"并行合作"的案例占所有提及次数的7%，与二十国集团的3%相比还是有较大差别的；在2014年巴西福塔雷萨峰会上，金砖五国提及自己的下设机构的频率达到了20%的峰值。这一峰值的出现，与建立应急储备安排和新开发银行两个机制的条约签订有关。除此之外，还有其他关于金砖五国下设机构的例子，比如就农业研究和科技合作开展的战略联盟、2011年为扩大金砖五国间的经济合作而建立的金砖五国经贸联络组、2014年建立的金砖五国科技创新工作组等等。

有一点很重要，金砖五国内部的组织机构还在不断发展，这是我们需要弄明白的。在厦门举行的金砖五国领导人第九次会晤中，金砖五国领导人达成一致，建立了9项金砖五国自己的新的合作机制，包括建立社会资本合作准备基金、金砖五国未来网络研究机构、金砖五国能源研究合作平台等。然而，除了快速发展这些机构之外，金砖五国与它的几个包括联合国、二十国集团、世贸组织、世卫组织之类的伙伴们仍保持着密切关系。论及这种情况出现的原因，有些专家相信这是金砖五国机构组织都具有高效率的一种表现。这说明，举个例子，如果新开发银行能在它的一些经济基础设施项目中，则其成员国便不会再经常提及（新开发）银行。

　　另一种观点则相反认为，金砖五国自己的机构组织并不总是很有效率。它们中的大多数，也许新开发银行除外，都没有展示出什么好的成果。支持这一观点的人相信金砖五国仍不愿再偏向之前设立的一些机构，因为它们没有足够的时间去发现这些机构的运转其实并不高效。究竟哪方观点是正确的由你来判断。其实还有些比较中立的观点。毕竟大部分金砖五国自己的机构在履行它们的职能和任务时都是比较高效的，但仍存在一些例外。

　　总的来说，最近金砖五国与其他机构参与和合作的大部分成果，从目前来看都不像是"核心小组"模式。在案例里，大概只有针对金砖五国中社会保障问题的合作而展开的国际社会保障协会与国际劳工组织核心小组明显是这种模式，并且是唯一的核心小组模式的例子。所以金砖五国对"催生促进"与"并行合作"方式相结合模式的倾向性，清楚地表明了金砖五国不是一个想要挑战现有治理体系的国际组织。它传递的是一种愿景：改革这一体系，使其更加公平化、民主化、更具代表性、更能体现区域经济发展的需求。所以，金砖五国不是想进行激进的体系变革，它们想有效利用现存的潜在机构，使其变得更高效。

最后对这个调查进行总结。总而言之，我认为二十国集团和金砖五国这两个多边体系的贡献是与它们参与其他国际组织的合作所相称的。同时，二十国集团和金砖五国独特的性质和任务决定了它们无论是从合作伙伴范围或是参与规模角度来看，与其他组织都有所不同。

就二十国集团而言，它对国际组织的被提及频率和强度要远高于金砖五国。比如，将亚太经合组织与其他组织的参与度与它们两个的数据相比，你会发现金砖五国和二十国集团的数据要比亚太经合组织的高出6倍。二十国集团大多使用"催生促进"和"核心小组"结合的模式，而金砖五国偏向使用"催生促进"和"并行合作"的模式，这是两个组织不同的一点。

就金砖五国而言，它和最常合作的伙伴或是其他机构间虽缺乏"核心小组"的参与模式，缺乏授权和委托，我们也不能说这种参与模式是无效的。关键在于，除了使用促进影响的方法，金砖五国建立了仅限于5个国家集团内部的合作机制。在演讲最开始的部分，我说过金砖五国最初的使命是提升5个国家之间的经济合作、实现全球治理的共同愿景。现在金砖五国仍在积极与其它组织合作，为创造一个能够建立规范包容的新世界秩序、新的全球治理模式而努力奋斗。

加强全球治理

——从加拿大 G7 到 2018 年、2019 年 G20 的永恒话题

［加］ 约翰·柯顿（John Kirton）
［加］ 玛德琳·科赫（Maderline Koch）

上海外国语大学与本人的研究之间存在着良好的合作伙伴关系。上海外国语大学由于很多原因而闻名于国内外，首先，上外是中国国内唯一一所研究 G20 峰会的大学；其次，上外也是国际上研究 G20 峰会的大学之一，另外一所大学在加拿大，所以研究 G20 峰会也是中国领先于世界其他国家的一个重要因素；第三，上外有一个加拿大研究所。加拿大也是 G20 的创始成员国之一，因此加拿大在全球治理中占有一席之地。你也许已经听说昨天在加拿大举行的展览会，加拿大尽力去说服自己的近邻美国要依照国际秩序行事，不能危害国际秩序。国际货币基金组织与世界银行，这两个机构都是于 1945 年在美国华盛顿成立，还有之后的联合国也在美国纽约成立，这样便形成了美国独揽霸权的格局。

中国国家主席习近平与所有国家的领导人一样，都非常关心全球治理与世界秩序这些国际问题，国家领导人们都有能力和长远合作的眼光采取措施来维护世界秩序，这是领导人们一直努力的方向。只要这些国家领导人能集中力量一起想办法，

国际秩序总能够有机会保持稳定。2018年的两次国际峰会的聚焦点是多个成员国之间的共同合作，目标就是全球治理，并且国家领导人一同向世界传达了一条非常重要的信息，那就是在共同的合作下，能够共同制定一些规则，而这些公认的规则能够使国家领导人们更容易达成协议，从而在领导人之间产生更多的互动，这将有利于维持国际秩序。

G7峰会开始于1975年，当时世界的背景是美国在越南战争中战败，而且由于美国总统尼克松的水门丑闻，美国国内的民主制度一度遭受打击，这对于国际秩序造成了一定的冲击。很多年以后，美、日、德、法、英、意发现没有加拿大的加入很难解决世界秩序这个问题，因此加拿大也受到峰会的邀请，这一现象在之前是没有出现过的。一年以后，这些国家领导人认为需要欧盟的加入，因为欧盟是一个非常重要的组织而且其自身非常的强大，所以该峰会认为欧盟也应该加入进来。第二个非常重要的机构就是G20，它成立于1999年，它原本是有关全球金融治理的一个机制，是为了解决发生在亚洲的金融风暴。亚洲金融风暴起源于泰国，随后迅速波及到印度尼西亚、韩国、巴西，进而席卷了世界，也波及到了美国自身。亚洲金融风暴过后，泰国在之后几年也深受金融危机的影响。美国最先认识并提出全球化的概念，加拿大紧随其后，这两个国家都意识到我们需要全球治理，这也就是G20出现的原因。

2008年9月15日，很多投资者在美国纽约成立了投资银行，我们称之为美国金融危机的调节中心。10年之前即1999年，在一次会议上，各国国家领导人倡议成立G20。10年之后，即在2008年，美国承担起了保护全球安全的责任。但是随着时间的推移，全球更需要经济危机的应对办法，因为世界秩序发生了翻天覆地的变化。随着美国影响力的不断下降，美国也努力重塑在国际上的影响力。正如我前面讲到的，加拿大表现出来的创造力在G20中不断上升。只要加拿大有信心，我们就能够确保这次G7取得重大成果。世界期望能够建设G7和G20，并且将此作为全球城市和世界治理的成果，这不仅仅是加拿大和美国的责任，同时也是世界上其他国家应尽的义务。

加拿大基于自身的经验与能力，认为21世纪会是一个契机，这也许就是加拿大为什么那么富有信心，认为能够办好这次G7峰会。2018年的G7峰会在加拿大的魁北克省度假胜地夏洛瓦取得圆满成功。G7与G20一样，多个国家之间一起协调合作。加拿大是G7中最弱小的国家，但是由于国家之间的相互协调，取得了非常积极的效果。事实上，G20由19个国家和欧盟组成，所有G7中的成员全部包括在G20中，此外有巴西、俄罗斯、中国、印度以及南非金砖五国。金砖国家的首次会议始于2009年。

当然，G20也包括墨西哥、印度尼西亚、韩国、土耳其、澳大利亚、阿根廷以及沙特阿拉伯。G20峰会于2016年在中国杭州成功举办。普遍来看，G20将会围绕创新（新理念、新规则）来维护世界秩序，当然也需要采取多方面的举措来维护世界秩序和全球治理。这不仅包括美国，也包括中国，因为全球有许多事情需要国与国之间的合作来共同应对。因此加拿大如何只采取一个策略来促进世界秩序的维护？如何才能促进国与国之间的合作使G7与G20取得进步？这对于加拿大来说是急需解决的问题。

在加拿大举办G7峰会的进程中，让我们来看一些G7峰会中的城市规划与建设的一些细节，因为这对于一个承办该峰会的国家而言是一个巨大的挑战。对于加拿大举办峰会时采取的单一策略，我认为有下列5个因素，第一是因为加拿大拥有多边全球治理经验。加拿大开始从事全球治理可以追溯到1917年，这一时期的国际背景是第一次世界大战。加拿大部长在峰会上说道，如果想为G7做出贡献，就必须推行多样化的全球治理政策。因此英联邦的国家领导人每两年聚集在一起来讨论国际事务，所以加拿大成为应对全球国际事务中心的核心。第二是加拿大有凝聚力、紧凑的议会制度和多数政席的政府。所以官员就相对更加容易聚集到一起来解决更多问题。第三是因为加拿大在G7中是最弱小的国家，在G20中排名第十。强大的国家总能领导世界，因此对于加拿大来说，如果想参与进来，就必须具有国际治理的能力，必须专注于采取某一项措施。美国在G7和G20中都有着举足轻重的地位，能够在各方的共同努力之下取得很大的成就。第四是因为G7和G20与国际货币基金组织、世界银行、经合组织和联合国之间的相互依赖程度不断增加。1944年，美国作为全球治理一个非常重要的成员，国际货币基金组织、世界银行以及一些非常强大的组织和国家之间的合作，G20在全球治理中发挥着越来越重要的作用。最后一个原因是因为加拿大的民间社会和参与团体日益共同参与。加拿大拥有长期积累的多边治理经验，所以对全球治理与全球城市建设作出了很大贡献。在加拿大夏洛瓦举办的G7峰会刚刚结束一个多月，可以证明加拿大采取的优先策略对于G7峰会的成功举办具有重要意义。

第一次G7峰会开始于1975年。现在我们知道特朗普总统与欧盟的关系比较低敏，是因为英国最近决定脱离欧盟。这将会对全球治理产生不良影响，更为严重的后果是，特朗普政府采取的针对中国与加拿大的行动所带来的威胁。因此加拿大想出5个优先策略来应对这次在夏洛瓦举办的G7峰会。第一个优先策略就是包容性的经济增长，这不仅仅是简单的经济增长，而是包容性的经济增长。包容性经济增长几乎涵盖了每个方面，我说的经济增长指的就是10年之前的全球经济危机之后的经济发展，由于全球化对经济增长的巨大冲击，很多人都已经被甩在了后面。第二个优先策略是工作，由于全球经济危机的冲击，导致很多人失去了工作。21世纪是一个全球化、电子时代，因此如何跟上电子化时代对于普通人来说是一个挑战。两年前，中国国家主席习近平也谈到了全球电子化时代所带来的挑战。第三个优先策略是性别平等问题、女性的权利问题，虽然它处于第三位，但是性别平等一直以来都是议程上非常重要的议题，因此包容性的经济增长和工作岗位对于女性的性别平等来说是这次峰会主要讨论的问题之一。第四个优先策略是环境问题，习近平主席在两年前的G20峰会上说道：既要金山银山，也要绿水青山。宁要绿水青山，不要金山银山，因为绿水青山就是金山银山，这句话对于全球领导人来说是一个重要的提示。加拿大方面知道特朗普怀疑全球环境问题是一个骗局，但是习近平主席把环境问题看得相当重要。不久，美国总统特朗普在2017年的G7峰会上不顾其他国家的反对，退出了《巴黎气候协定》，因此加拿大政府与特朗普政府进行协商，期待着美国能够重新加入《巴黎气候协定》，能够共同应对全球气候变化问题。在这种情况下，加拿大转而关注于海洋，特别是海洋碳汇。如果想要改变气候变化现状，我们必须从温室气体排放源开始控制，而碳汇的作用正是吸收温室气体，控制排放源。海洋是当下最为有效的碳汇之一，但目前全球的海洋资源正不断耗尽。

除此之外，加拿大的另一关注点在能源。使用清洁能源缓解气候变化也是中加未来合作的方向。在使用清洁能源的同时，我们也要注意减少煤的使用。这一点也是中国国家主席习近平的关切，比如，中国现已提出了关闭煤矿厂的措施，可见清洁能源的使用这一议题的重要性。

回顾历史，目前的 G7 体系在 1998 年到 2014 年为 G8 体系，俄罗斯也是集团成员国之一。但是，2014 年克里米亚事件发生后，G8 其他成员国就克里米亚冲突对俄罗斯进行了谴责并拒绝参与俄罗斯举行的 G8 峰会。俄罗斯退出 G8 集团。除了以上提到的重点问题，G7 集团也会关注其他的问题，比如缅甸的难民问题，中国的南海、东海问题。对于这些问题，东北亚主要国家也都希望参与协商，但目前日本是 G7 集团中该区域的唯一代表成员。

在本次 G7 峰会的准备阶段，加拿大致力于制定出适宜各方协商、容易达成一致成果的议程。例如，性别平等是本次峰会中加拿大的主要关切，但并非所有国家都理解性别问题的重要性。实际上，我们必须认识到发展、贸易与协议达成的背后离不开女性的努力。第二个议题是女性安全。当前，内战以及其他的灾难对女性产生了巨大影响。G7 还是以发展为主要议题的会议，加拿大十分看重发展，也加入了很多多边机制。例如，加拿大是具有 53 个成员国的英联邦的一部分；从 20 世纪 80 年代中期开始，加拿大也加入了法语国际组织。

表1 七国集团与二十国集团的优先事项和表现

优先事项	七国集团排名	七国集团决议 排名	%	二十国集团布宜诺斯艾利斯区域排名
包容增长	1	—	—	—
世界经济	1	13	4%	—
金融体系	1	—	—	7
金融治理	1	—	—	6
税收	1	—	—	8

续表

优先事项	七国集团排名	七国集团决议 排名	七国集团决议 %	二十国集团布宜诺斯艾利斯区域排名
贸易和投资	1	5	2%	9
基础设施	1	1	0.3%	2
工作和未来	2	8	3%	1
性别平等	3	2	23%	4
气候、海洋和能源	4	1	29%	8—9
气候	4	—	—	10
能源	4	5	2%	11
食物	0	—	—	3
和平与安全	5	—	—	—
腐败	5	5	2%	5

我们知道，有很多衡量峰会是否成功的方法，因此，对于成功峰会的标准众说纷纭。多数人认为是让美国执行公报决定，让特朗普及美国政府成为完全的参与者或者带头执行某项决议，但这是不全面的。在本次 G7 峰会上，领导人达成了 315 项承诺，这些承诺将指导领导人未来的政治计划。本次会议达成的协议比一年前多，这说明加拿大的工作较为成功。

当仔细研究这 315 项承诺的时候，也许我们会有一些特别的发现，比如，加拿大最关切的问题是气候变化、海洋、清洁能源、性别问题等。然而，加拿大的很多关切都为特朗普所不屑，比如气候变化，虽然这些问题并不是美国的战略重点，但它们仍然是夏洛瓦峰会的议题。我们研究过各项主张在夏洛瓦峰会的占比，在 315 项决议中，有 29% 是关于气候、海洋及能源的，另外 23% 则与性别平等有关（如表1）。我们可以看出，在本次峰会中，最重要的议题是气候变化、海洋、清洁能源问题，性别问题紧随其后，发展问题排在第三，也是本次峰会的一大特点。本次峰会还有一些其他涉及不同领域的主题，这些主题都在夏洛瓦得到了讨论和决定。值得注意的是，夏洛瓦并没有调动很多的资金，只有70亿美元，大多数资金被用于提升性别平等，尤其是为女性发展服务，其中有38亿美元被用于贫穷家庭的女性教育。另外有30亿美元则用于资助金融机构，鼓励贫穷国家女性的发展，美国也是此项议题重点的关注者。当前，美国退群问题十分严峻，美国现已退出"跨太平洋伙伴关系协议""巴黎气候变化协议"，这其中很多协议的关注点都同夏洛瓦峰会一样。我们知道，特朗普提前离开了夏洛瓦峰会，飞往新加坡与朝鲜领导人金正恩会面。夏洛瓦峰会结束后，在"空军一号"飞机上，特朗普便发推特指责加拿大总理特鲁多，也称他本人不赞同夏洛瓦峰会公报的决定，特朗普的这些言论削弱了本次G7峰会的成果。特朗普的争议性言论也引发了很多讨论，部分评论人士称，特朗普正在摧毁G7体系，伤害西方联盟，挫伤过去由美国主导的伙伴关系。但事实并非如此，我们已经习惯了特朗普的朝令夕改、推特治国，这只是他的执政方式。我们必须了解，美国在峰会前已经确认好议题内容，加拿大并未对此进行修改，因此，美国有义务来履行这315项承诺，作为G7成员，美国必须承担这个体系的建设责任。但是，特朗普不承认夏洛瓦峰会公报的言论确实是对G7谈判努力的挫伤。

作为2018年G20峰会的主办国，阿根廷元首马克里也参与了G7夏洛瓦峰会，加拿大与阿根廷两国元首有很多相似点，他们都相对年轻，在国内很受欢迎，也都是行动者，努力推动国内的发展与变革。像阿根廷与沙特这样也没有固定支持集团的非G7成员国，就需要争取最大程度的峰会参与。它们也都清楚自己要面对目前的安全、保护主义、民粹主义、孤立主义等问题，需要共同商讨解决。在G7的准备阶段，一些工作小组便开始讨论议题，试图寻找共同点，这是一种自下而上的策略，为峰会奠定基础。阿根廷、加拿大、中国都参与了这种多边的协议，我们知道，单边主义无法成功。特朗普也许是有史以来第一位支持单边主义的美国总统，而众所周知，贸易、安全问题的解决需要多边努力。对此，加拿大和阿根廷都在倡导峰会的合作价值观，没有一个国家可以独立解决诸如气候变化之类的全球性问题。

阿根廷总统从11月底12月初开始参与G7峰会，G7峰会彼时也开始吸纳其他意见，制定全球议题。阿根廷是G20的主办国，也是G7国家的重要贸易伙伴，阿根廷所倡导的基础设施以及可持续建设都与加拿大对G7的关切相适应。阿根廷与加拿大峰会都在负责设置重点议题，并将具体的事情交给峰会成员国。对于G7来说，主要议题包括维护成员国利益，在全球宣传开放民主、个人自由、人权等价值以及解决社会问题。夏洛瓦峰会的重点之一就是处理社会问题，如关注包容性、就业、性别平等等。而在阿根廷举办的G20会议则代表了未来的发展，尤其是基础设施建设以及可持续的包容性发展。

G20峰会在1999年成立，拥有两个愿景，其一是共商金融稳定，因为当时的亚洲金融危机提醒世界，我们需要一个平台来共同商讨金融稳定问题；其二是促进全球化向更多国家延伸，而不仅仅是汇集于前1%的国家。G20峰会的理想是能够分享发展成果，促进各国发展，形成涓滴效应。在全球发展中惠及更多的国家也是加拿大和阿根廷的共识。G20主要推行第二个愿景，支持过去边缘化的国家。比如说支持女性的发展，在G7国家，女性发展计划帮助了一半的人口实现更好的生活。这些努力对于缺少收入、财富和平等机会的人来说至关重要。

与G7夏洛瓦峰会相比，此时的G20则显得比较低调，加拿大邀请了阿根廷总统参与G7峰会，即使阿根廷不是G7成员。加拿大同时还邀请了其他12个非G7成员国的领导人于峰会第二天共同探讨海洋问题。此外阿根廷受邀也是因为该国具有较长海岸线。加拿大是世界上拥有最长海岸线的国家。阿根廷总统和加拿大总理的私人关系十分融洽，他们曾在峰会期间一同跑步，虽然我们不知道他们在跑步期间的具体谈话内容，但是领导人之间融洽的私人关系对于外交也是十分重要的。跑步也是特鲁多和其他国家元首建立私人关系的方式之一，但是我不认为特鲁多会和特朗普一起跑步。

回到G20问题上，我们能够发现，基于夏洛瓦峰会特朗普的表现，阿根廷方面也许会降低对于G20峰会成果的期望值，但是加拿大作为G20的创始国之一，不会因此降低对于G20的期待，因为加拿大相信G20是建立世界新秩序以及维持金融稳定和发展的重要机制。对于阿根廷本国来讲，当政的马克里政府希望使阿根廷融入全球经济主流。与前任基什内尔时期相比，马克里政府已经在经济方面取得了巨大的进步。但是，阿根廷在2018年5月，即夏洛瓦峰会前夕，刚刚遭遇一场金融危机。金融危机十分复杂，很难预测它什么时候开始，会影响多少地区。

20年前，我们经历了亚洲金融危机。10年前，我们经历了美国金融危机。10年后的今天，我们也许会面临新一场金融危机，这场危机就有可能由南美发源，亦或由土耳其、G7成员国意大利发源。还有一些人也在担心中国和美国能否保持经济的稳定。国际货币基金组织、世界银行，美国和其他G7国家仍起到重要的作用。在这种情况下，阿根廷等国家也希望能够在

G20达成特朗普可以接受的协议。对于加拿大来说，我们没有降低自身对于夏洛瓦峰会成果的期待与努力，包括说服所有与会者达成协议，当前峰会的不成功，主要来自美国的阻力，其他的成员国有意愿达成协议。

对于加拿大和阿根廷来说，目前的重点就是要促进美国参与。加拿大和阿根廷的社会基础不同，自然会设定不同的议题。我们可以来对比一下加拿大G7峰会和阿根廷G20峰会的主要议题，大部分议题都是相同的。并且峰会的议程是共同的，不是各项子议程的加总，也不是相互冲突的。G7和G20正在塑造全球治理，即使没有美国的积极参与，即使成员国的情况不同，它们也是至关重要的机制，尤其是G20峰会吸纳了中国与印度等发展中国家的声音。G20峰会的首要议题在加拿大G7峰会上排名第二，加拿大称其为"工作与未来"，这项议程在阿根廷峰会上被称为"未来的工作"。

值得关注的是，在G7峰会的315项议题中，只有3%与就业有关，所以这项议题主要由G20峰会达成，我们对此十分乐观。阿根廷的第二项关注点"基础设施和发展"也是加拿大峰会的关切之一，但并不是加拿大峰会的主要关注点。在阿根廷国内，基什内尔统治期间缺乏基础设施建设以及建设基金。目前，金砖国家可能会依靠发展银行，鼓励私人领域发展，加强金融合作。有很多来自各方的资本可以得到有效利用，投资基础设施。阿根廷的第三大关切是食物，这和加拿大的海洋能源问题一样，是阿根廷的特色，阿根廷也希望投入气候变化，发展可持续农业。阿根廷对于这些议题的顺序排列也十分值得研究。

那么接下来看表1最后一列，你能看到排在前三项和前四项的优先关注点，还有阿根廷将"腐败问题"放在第五位。"腐败问题"是阿根廷最大的问题，同样也是巴西、墨西哥和南非最大的问题。用习近平总书记的话来说，这也是中国的大问题。实际上，在美国和加拿大也存在一定程度的腐败。

阿根廷将"金融管理"放在第六位，排在第七位的是"金融体制"。阿根廷的金融体制是脆弱的，这是我们比较担心的问题。接下来的情况非常有趣，我们看到阿根廷将"税收"排在第八位这一栏，而我们却是更担心"税收问题"的。G7和OECD（Organisation for Economic Co-operation and Development）都很关心税收公平问题，该问题一直在这两个组织的议程中。而在对一些发展中国家的经济援助过程中，这两个组织也常常提出包含"税收公平"的条件。贸易和投资被阿根廷排在第九位，但在特朗普实行贸易保护主义政策后，贸易和投资应该排在第九位之前了。阿根廷和其他新兴经济体，如中国、巴西、印度为出口导向型经济国家，它们对目标市场的依赖程度很高，如果达到加拿大对美国市场的依赖程度，这些国家在贸易保护主义下会处于极其不利的状态。

下面让我们关注一些特定的问题。首先，看看G7治理中的"城市"问题。关注"城市与全球治理"这个话题和全球治理中的G7是这次峰会的主题。几乎所有的事情国家与国家之间都可以进行讨论。由于世界的全球化进程，一些话题变得新颖，例如"城市"问题。举一个阿根廷的例子，它的教育体系中有公立学校、中学和大学。但是在加拿大这是不符合宪法的。加拿大的教育是由拥有自治权的各州进行管辖，城市也由州进行治理，国家对教育问题的介入是较少的，因此在G7框架下讨论国家的教育问题，加拿大实际上是无法深度参与的。2011年和2012年，G7成员国关注的是什么呢？因为有"阿拉伯之春"的大背景，G7成员关注的是在战乱城市中开展人道主义工作问题。它们重视与G7有协作的南非和中东国家的领导人，并致力于推进中东的民主进程，因为民主是G7每一个成员的第一任务。

此外，它们会将关注点投向城市其他问题，但2012年之后，由于受到干扰，G7对"城市"议题的关注中断。2015年和2016年，城市问题回到G7的议程中，分别在德国和日本召开的峰会关注的是食物、基础设施建设问题。2017年，在意大利召开的G7峰会关注的是"城市的衰落"。2018年召开的夏洛瓦峰会关注的是气候变化、海平面上升和清洁能源等环境问题，不过也有关于保护女性的议程。并且我们不能只讨论城市的角色，我们还必须探讨维护女性受教育的权利以及人口年龄问题。60%的人居住在城市中，而大城市一般在海边，因此这些城市面临极端天气，因而极其脆弱，正如我们知道的。上海、温州在海边，北京是内陆城市，因此前两个城市面临诸如台风这样的极端天气。目前海平面正在上升，有些大城市面临威胁，有些大城市还很安全，例如北京会比较安全，加拿大也会安全。加拿大最大的滨海城市是多伦多，位于五大湖的安大略湖岸边，由于海拔较其他沿海城市高，因此会相对安全。在神奇的美国地图上，我们可以看到每一个大城市，除一个例外，都在沿海地区，唯一的例外就是芝加哥——奥巴马的家乡。其他在沿海地区的城市有纽约、波士顿、佛罗里达等等，这些城市尤其脆弱。

2018年年G20峰会的举行将会回到亚洲，2019年的G20峰会将由日本大阪举行。两次峰会关注的议题应该大体一致。再下一次的G20峰会将在阿根廷举行，讨论的议题将会囊括拉美国家关注的一些问题。近几年的G20峰会议题具有延续性，其中最重要的是发达国家的劳动力短缺问题。我认为对此问题解决的方式有：第一，实现行业自动化改革；第二，开放移民，这是加拿大的经验；第三，提高女性的劳动参与度。但像阿根廷这样的国家问题是青年人找工作难，而像日本这样老龄化现象严重的国家，问题却是恰恰相反的，因为这些国家劳动力严重短缺。在俄罗斯也是这样的，没有足够的年轻劳动力来支撑大笔的养老金，这导致俄罗斯出现大量对普京不满的声音。中国将来可能也会面临相似的问题，因为中国老龄化进程很快，这是由于中国的独生子女政策导致的，使得年轻人严重短缺。韩国的老龄化问题是最严重的。人口老龄化和年轻劳动力短缺问题成为城市的一大挑战：城市如何保障老年人的安全和健康问题。

我的结论是：世界秩序基本是保持一致的，不会有特别大的变动，因为有G7和G20这样的国际组织，世界秩序的改变是在可控范围内，即使有特朗普这样的人物存在，但改变也是可控的，我们不需要恐慌。加拿大同时参与了G7和G20，实际实行的是与各国广泛联系的战略。过去的峰会囊括了许多新兴国家和国际组织，这对世界秩序是有利的。2017年的峰会尽管遇到特朗普政府带来的一定阻碍，但峰会依然顺利举行，在性别保护问题上也取得了很大进展，我们需要对随后的G20峰会保持乐观。特朗普所在政党在中期选举中如果没有获得胜利，共和党可能失去控制国会的能力，这对特朗普随后的执政可能产生阻碍，而其保护主义的政策也会受到削弱。唯一使人不安的是气候变化，因为之前特朗普撕毁了气候变化协定，这对全球气候治理产生了很大的负面影响。所有的证据都表明气候变化发展的越来越严重，但是美国政府不承认，所以使气候治理变得更加困难。

即将到来的G2时代？
对东亚国家经济与政治发展的启示

［韩］ 李洪杓

上海外国语大学邀请我就东亚和全球治理这个话题做一个演讲，但我认为这个话题实在太过于宏大，所以我从"G2的到来及其带来的启示"作为切入点。所以从题目可以看出，我的着重点将放在中美两国之间愈加激烈的竞争，以及两国之间的竞争为东亚国家的发展和全球经济形势带来的启示上。

中国曾是众多贫穷不发达的国家之一，那时的中国在多个方面都不稳定。但是现在中国是唯一实现经济快速发展的社会主义国家。有了经济的支撑，中国在各方面都变得越来越强大，且越来越有影响力。中国的崛起与发展对于世界的重要性是毋庸置疑的，而这个趋势也无人能够制止。中国的发展不仅能够影响东亚局势，甚至对于全球局势也有一定影响。但是，很久以前的中国是什么样子的呢？

正如我所说的，它处于一个贫穷、不发达、不稳定的状态中。我认为中国从一个落后国家转型成为当今世界一大强国，转折点在于2008年。2008年对于中国人来说尤为重要。为什么？在那年中国举办了奥林匹克运动会。可能你们当时还太小，不懂世事，但是对于奥运会一定印象深刻。中国并不是东亚国家里唯一举办过奥运会的国家,大约44年前日本也举办过奥运会,24年前韩国也举办过。有资格举办奥运会的国家事实上都是富裕而稳定的,否则就无权举办奥运会。中国由此进入全球社会,摆脱了长期贫弱、混乱、落后的国际形象。中国无疑是人口最大、地域辽阔的国家之一,中国的崛起应引起全球社会的重视,其增长速度之快引得其他国家侧目,也不可避免地都会受到中国发展的深刻影响。中国开始在世界和区域性事务中扮演更加重要的角色。2010年中国成为世界第二大经济体。如果一切发展顺利,经济速度保持现在的高速发展,中国可能在2030年或者2035在经济总量上超越美国。时间距现在并不久,就在15年或者20年之后。

美国是一个超级大国,是世界上最强大的国家,所以即使中国的经济总量很大,两国之间无论是从人民生活水平、科学技术还是教育方面来说,都仍有差距。但为什么中国的发展意义犹为重大呢?因为中国的经济增长通过贸易、投资对其他地区产生了巨大的影响。你会发现,无论你在哪儿,在德国机场,甚至在巴西机场,都会碰到一群中国游客。如果你去日本,你会看到许多中国游客在观光、购物。他们非常喜欢购物,对吗?中国经济高速发展,随之而来的就是中国在各个地区的影响力不断增强,尤其在东亚地区。原因很简单,东亚毗邻中国,中国就位于东亚。有人就会产生一些问题,例如,中国与西方之间的天平是否会发生倾斜?中国是东方的领导国家之一,而我所说的西方是指西欧国家以及美国。所以在我看来,中西方之间的力量较量会发生变化,而中国会是获益的一方。

中国从一个极贫极弱的国家转变为一个强国的分水岭是2008年,原因之一在于中国举办了2008年奥运会。另外一个原因是在世界范围内爆发了自20世纪30年代经济大萧条以来最严重的世界经济危机。那么这场经济危机的根源在哪里？中国？不是。美国？对了。美国是什么，它是什么类型的国家？具体是发生在美国哪个地方？纽约。纽约又是个什么地方？危机的发源地美国处于世界金融秩序的中心，而纽约正是金融中心所在地。此次危机迅速波及到全球范围，东亚所受影响尤为严重。为什么？因为大部分东亚国家自20世纪以来长期处于贫弱欠发达状态。

但20世纪60年代东亚国家开始了经济现代化，80年代许多国家成功实现了经济发展目标。东亚国家开始崛起。有许多原因解释这一现象，但许多人的分析指出，东亚国家经济的成功发展有赖于其顺应了全球贸易的经济政策。东亚及东南亚地区自20世纪60年代经济起飞以来所建构的出口导向性经济发展模式由于欧美市场的迅速萎缩受到了严峻挑战，其中也包括中国的经济。2008年中国的经济增长速度仍然维持在7%左右，但与2007年的两位数增长相比已经大打折扣。对于像中国这样一个超大规模的经济体，7%的经济增长速度是差强人意的。尽管如此，无可否认的是中国在这次经济危机中的表现仍然是世界重要经济体中最为稳健的。中国在2001年加入世界贸易组织后，凭借人民币相对稳定的较低汇率和出口导向性经济发展模式，总体上常年享受巨大的对外贸易顺差，其中对美贸易顺差尤为显著。在这个过程中，中国积累了巨量的外汇储备。这使得中国在这次危机中有资本帮助西方乃至世界力挽狂澜，在世界经济复苏中发挥重要的领导性作用。而事实上中国也这样做了，中国政府为应对经济危机向市场注入了4万亿人民币的流动性。

以往每当面临经济危机时，通常是由七国集团进行协商并做出对策。但七国集团在这次经济危机中处于漩涡中心，未能幸免。经济危机的程度之深、范围之广，使得七国集团无法有效应对。而中国和其他新兴经济体的相对稳健使这些国家在后经济危机时代获得了新的话语权。因为世界经济危机对世界各国的打击是全面而不均衡的，以美国为代表的西方国家和以中国为代表的新兴经济体在经济危机后的相对力量发生了此消彼长的变化，全球治理所需要的新秩序也因此需要洗牌。在这个大背景下，囊括了更多经济体的二十国集团峰会（G20）机制应运而生。中国作为在二十国集团中新兴经济体实际上的代言人，也在新的机制中获得了对国际事务的更多话语权。此外，中国也积极寻求在国际金融秩序中扮演更重要的角色，推动人民币国际化，并成功使人民币成为国际货币基金组织（IMF）特殊提款权（SDR）中继美元、英镑、欧元、日元之后的第五个币种，从而确立了人民币受世界认可的国际储备货币之一的新地位。

作为承担实现全球治理责任的机制，七国集团（G7）和G20都有不足之处。G7的弊端在于其成员国的构成（美、英、法、德、意、日、加）在全球经济危机后无法反映发达国家与新兴市场之间新的力量平衡。而G20机制虽然囊括了更具广泛代表性的全球经济体，其多边主义倾向使全球治理更加民主化，但其付出的代价是无法在面对紧迫挑战时做出及时而有效的回应。

从2008年开始，美国在全球治理上的影响力就不断减弱，而与此同时，中国在全球治理上的影响力却不断增加。所以，当我们在探讨全球治理和解决国际事务时，我们往往会谈及中国。这样一来，G2作为另一种全球治理机制的构想便诞生了，由美国奥巴马政府的国家安全顾问布列津斯基提出。G2构想的基础是中美经济日渐增长的高度相互依赖性，这为作为西方发达国家代表的美国和作为新兴市场代表的中国之间更广泛的合作创造了有利条件。G2的倡导者同时认为，中美之间的这种合作能够提供比G7或G20更为优化的全球治理，能够在治理效率与治理合法性之间取得平衡。作为对G2构想的回应，中美之间举行了多次高级别战略对话。

G2构想的提出受到了美国媒体和学术界的广泛关注。为什么会在美国受到如此大的关注呢？我们知道，美国在"9·11"后的全球治理中越来越力不从心，深陷伊拉克战争和反恐战争的泥潭。同时，中国于2001年加入世界贸易组织后获得了举世瞩目的高速发展。美国的决策者和评论家们越来越感到中国从美国主导的世界秩序中获益良多，但没有为世界秩序的稳定、繁荣做出与其新获得的实力和利益相匹配的贡献，是一个搭便车者。G2构想实现的前提是中国有能力、有意愿与美国共同承担全球治理的巨大成本。这就引发了关于中国的实力是否与美国有可比性，中国是否有能力担负更多全球治理的成本以及中国是否愿意这样做的讨论。

讨论的结果是否定的。我们有很多指标去衡量一个国家的实力，但常用的指标是一个国家的经济。在过去的15年中，中国于2010年跃居世界第二大经济体，其国民生产总值从2000年到2017年之间翻了两番，大约是美国国民生产总值的60%。但是如果我们去看人均呢？中美在人均GDP上的差距更加巨大，中国人均GDP大约是美国人均GDP的1/4。即便如此，中国的经济增长速度在全世界范围内还是最快的，而且很多人都相信中国在经济发展方面将会超越美国。

另外一个我们经常使用的指标是一个国家在国防方面的预算。中国和美国在国防方面都有较大预算，但无疑美国在这一方面仍然领先中国。那么在国防预算上，仅次于美国的是哪个国家呢？日本？俄罗斯？都不是，过去的确是俄罗斯，甚至在冷战结束前，俄罗斯的军事预算比美国还要高，但现在呢，当然是中国，中国是除美国外军事预算最大的国家。中国虽然已经成为世界上国防预算第二高的国家，但仍然难以企及美国的国防预算。因此，就国防而言，美国比中国要强大。但我们除了用经济体量和国防预算去衡量一个国家的实力外，我们还常用一个国家的软实力去评判该国家是否强大，软实力是什么呢？这是一种无形的力量。一个国家如果具有强大的软实力，就会对其他国家具有强大的吸引力，也更容易获得其他国家的支持。而美国的意识形态和文化仍然在全世界范围内更具吸引力。

所以说，尽管中国已经成为世界第二大经济体，但将中国的实力视为与美国处于同一数量级仍然是不现实的。对于G2构想，中国的反应也多是负面的。从中国的角度看，这要求中国过早地承担过多的责任和负担，将使中国的发展速度放缓，阻碍中国经济赶超发达国家。一些倾向于阴谋论的中国人甚至会认为G2构想是包藏祸心的。同时，在全球治理的理念上，中国一直倾向于在多边主义的框架内解决问题。一方面，中国反对少数几个国家主导世界秩序；另一方面，中国倡导世界秩序的民主化，主张让更多国家在全球治理上获得更大的话语权。也就是说，G2构想与中国一直秉承的外交理念背道而驰。其次，G2夸大了中美的共同利益和相互依赖，忽略了两者在诸多重大国际问题上的分歧。例如，中美都倡导朝鲜半岛的无核化，但在如何促成朝鲜半岛无核化的问题上，双方的主张完全不同；再例如，日本的再军事化受到了美国的默许和支持，但受到中国的坚决反对。像这样的分歧表明，G2构想中关于中美合作共赢的部分过于乐观。最后，由于G2的排他性，假设G2在现实中得以实现，中美之外的国际社会对G2的态度也将是负面的。

事实的发展也逐渐朝着与G2构想相反的方向发展，尤其在东亚地区。中美双方在东亚地区都有重大的战略利益，也就意味着双方不可避免地会在东亚展开局部竞争。自二战以来，美国在东亚地区的安全和经济方面扮演着主导性作用。在新的形势下，维持美国在这一地区的主导地位成为维持美国全球霸权成功与否的先决条件。同时，中国逐渐增长的实力和在东亚地区不断提升的影响力也引起了美国的警惕。对于中国来说，获得在东亚地区事务中的主导权也是中国进一步提升其在国际事务中的权威性所必须达成的阶段性目标。也就是说，中美双方都渴望对东亚事务具有主导权，这势必导致双方在东亚地区的竞争和双方敌对倾向的升级。为遏制、放缓中国在东亚的发展势头，美国奥巴马政府开始重新加强与其东亚盟友的安全合作，积极参与并最终主导排除中国参与的"跨大西洋伙伴协议"（TPP），同时鼓励东亚各国之间建立更广泛的经贸合作，以对冲各国都存在的在贸易上过度依赖中国的倾向。中国对此的反应是在东亚国家中建立更广泛的双边贸易协定，并主导了没有美国参与的"区域全面经贸合作伙伴协定"（RECP）。中美双方都试图在东亚建立没有对方参与的自由贸易体系。同时，中国试图建立新的区域性金融机构亚洲基础设施投资银行（AIIB），与原有的日本主导的亚洲发展银行（ADB）形成实质上的竞争关系。

中美竞争的态势也对东亚国家内部的国际组织建设提出了新挑战。东亚国家之间一直欠缺有效的合作机制。例如，面对欧美国家日益严重的保护主义倾向，东亚国家的出口导向性经济发展模式受到了挑战，但东亚各国之间对此问题的对话鲜有成果。中美在东亚的角力也使东亚国家建立独立自主的国际机构的努力受到了阻碍，建立新的有效的东亚国家合作机制也变得更加迫切，同时更加艰难。

你们大概都知道，在控制朝鲜发展核武器的问题上，中国对韩国施加了很大的压力，例如经济方面的压力，但这对韩国来说也是一个减少自身对于中国依赖的契机，中国对韩国的贸易占总额的24%，这就意味着这样一个国家非常容易被外部施加的压力所影响。在双边合作中，有些国家对于中国的崛起十分敏感，中国希望在地区间促进经济发展，起到领头羊的作用并在地区间产生影响。东亚对美国十分重要，美国也对东亚各国十分重要，其实东亚与中国的关系也是如此。从长远来看，中国首先要做的就是打好基础、地区间的基础、中国位于东亚的中心、在东亚具有主导力，是东亚战略部署不可或缺的一部分，所以，中国想要在东亚各国间变得更具影响力。

怀着这样的目标，中国正在做一些至关重要的事情。那就是地区间合作，这是东亚目前最为重要的事情。地区间的合作意味着什么？我们有很多种方式去实现地区间合作，双边合作抑或多边合作。如我们所知，双边合作正如火如荼地在东亚地区开展，中国和日本、韩国都有贸易往来，但当我们谈到多边合作时，东亚面临着很大的挑战，就像最近美国总统特朗普所表现出的贸易保护主义一样，欧洲也是如此。但是，东亚缺乏一个地区间合作机制来减少美国和欧洲的贸易保护主义所带来的冲击。

因此，在这样的背景下，我们就需要一个经济合作团体，在东南亚范围内促进经济合作，以抵抗美国和欧洲的贸易保护主义。正是因为如此，我们东亚各国更应该团结起来，并建立一个统一的制度。从冷战以来，我们就有很多使命，受到很多召唤，但是你在东亚看到有任何组织能像北美自由贸易协定（NAFTA）或欧盟那样吗？答案是否定的。面对美国和欧洲国家实行的保护主义，我们仍需努力，我们现在仍然缺乏一个可以促进经济发展的多边合作机制，我们虽然有"跨太平洋伙伴关系协定"（TPP）和"区域全面经济伙伴关系"（RCEP），但它们自身都存在问题，比如TPP，中国并不在这个协定当中，而RCEP又没有包括美国。中国和美国都积极参与地区制度的制定，但问题既出自美国，也出自中国。

美国把中国当成一个自身力量的威胁，中国又把美国当成前进道路上的一个巨大阻碍，这种竞争局势不断恶化，结果就导致无法形成一个符合所有国家利益的地区机制。但我告诉过你们，东亚在经济发展上已经取得了巨大的成功，究其成功的原因有很多，但最重要的是东亚意识到了国际贸易和出口的重要性。目前，美国和欧洲是东亚的两个最大的贸易市场，所以未来的东亚经济将高度依赖于东亚国家在美国和欧洲两个市场的渗透率。东亚将如何应对这些挑战，我们拭目以待。

东北亚和边界研究

［日］岩下明裕

20世纪90年代时我来过中国几次，比起那个时候，现在的上海已经成为了一个很现代化的城市。今天我讲的主题和其他专家学者或许有所不同，是关于边界研究的。你们中许多人可能并不了解什么是边界研究，甚至杨成教授在10年前也并不认为边界研究是重要的，但他在这次邀请我做讲座时肯定了边界研究的重要性并建议我做有关"边界"的分享。

上海是东北亚的中心城市之一，身处上海，我们需要思考一下什么是东北亚。我的视角并不是典型社会科学的，比如说国际关系或权力博弈的视角。在北海道大学我们有一个地球仪，看着这个地球仪你也许会觉得很自然。从宇宙的视角来看，地球上分布着山川湖海。但是也许你又会感觉很奇怪，和平常的地图不同，这上面没有国家的边界。那么什么是国家的边界呢？边界完全是人创造的。在讨论中注意到这一点是十分重要的。为什么？我们都知道中国在悠久的历史中有过不同的边界，不仅是中国，许多其他国家也是这样。目前的边界只是暂时的，边界不断地被创造和消亡，边界在不断地改变。宏大的历史面前个体是十分渺小的，所以要从历史的角度来看。

当我们看地图时需要注意到，大多数地图都是人为创造的

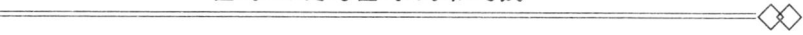

政治地图。政治地图有两个层面：物理上的和精神上的。比如说你穿越了某个中亚国家的边界，你就穿越了物质的国家边界。除了物质边界之外，边界还能通过人的想象产生，这就是精神上的边界。我不认为政治地图和地理学是类似的，地理学是社会科学最重要的科目之一，这两者的区别对于边界研究来说是很重要的。如果你有机会在加拿大的 Snowdrift 机场候机的话，你会注意到那里很少有单独的商店或者餐馆，桌子会被摆放在候机的公共区域上；而在肯尼迪机场这样的大机场你会看到很多单独的商店和餐馆，它们和公共区域之间有着明确的界线。

在一次出差中，我感到非常口渴，就在一个小机场买了一杯啤酒，之后我开始寻找可以喝啤酒的地方。我在机场里看到了一块围起来的区域，区域边缘有一块标牌上写着"禁止在区域外喝酒"。许多美国人喜欢喝酒，而加拿大人很注重在公共区域和私人区域中对喝酒的规定，并划分了边界。现在的中国出现了许多禁烟区，而几十年前，中国是一个"吸烟者的天堂"。我并不会说中文，在中国我经常通过和不同的人分享香烟来拉进关系——我给他们递上日本香烟，我们就成为好朋友了。你无法想象 30 年前在中国机场的任何地方都可以吸烟。而在加拿大和美国，按照规定你可以吸烟，但是你只能在公共区域吸烟；你可以喝酒，但只能在私人场所喝酒，这意味着你不可能同时吸烟和喝酒。

我有一个朋友很喜欢吸烟和喝酒。有一次在华盛顿，他又想喝酒又想吸烟，就想去找一个同时允许吸烟和喝酒的地方。他找了一会儿，最后只好放弃了，因为可以喝酒的地方都是私人的空间，而在私人空间是不允许吸烟的。他最后问了一个门卫，说我可以吸烟吗？门卫说你可以在这里吸烟，不过不能带着酒，你得把酒放在另一个地方。结果他只能走到喝酒处和吸烟处的边界，在吸烟处吸一会儿烟，然后又跨过边界去喝酒处喝酒。这个故事告诉我们边界是被塑造的。

回到东北亚。那么什么是东北亚呢？我们有很多"xx亚"，但很难对东北亚下一个定义。我说过大部分地图都是政治地图，你们可以看到一张以华盛顿为中心的地图，美国人根据这张地图看到的莫斯科是位于欧洲的，因此他们把俄罗斯视为欧洲的延伸，这导致许多美国学者并不在乎俄罗斯辽阔的亚洲部分，而把注意力放在俄罗斯和欧洲其他国家的关系上。在美国人眼里，东亚主要包括日本、中国和韩国，并把它们称作"西太平洋"，这很有意思。

我是研究中俄问题的，杨成教授也是中俄问题专家，但是在美国则没有很好的中俄关系研究，因为他们的视角是地理学的，这也是他们看待世界权力秩序的角度。回到东北亚这个问题，到底什么是东北亚？东亚这个概念主要以中日韩为主，三国间的关系是很紧密的，但只意识到这一点还不够，我们还要注意到俄罗斯。俄罗斯对东亚着重要的影响，中俄关系也十分重要，如果不考虑俄罗斯，我们就不能很好地讨论东亚。如果我们把范围再扩大，则蒙古国也应包括在东北亚的概念中，蒙古国的首都乌兰巴托是很接近东北亚的，蒙古国的西部则更接近中亚。同时我们需要注意朝鲜半岛的重要性。总结一下，东北亚是一片以朝鲜半岛为中心的区域，这有别于历史上以中国为中心的东亚，同时我们要考虑到俄罗斯在远东的影响力，并在东北亚的界定中把蒙古国包括进去。

我们可以把东北亚和其他一些地区进行比较。在20世纪90年代韩国也曾经面临孤立，1988年发生了中韩军事危机。当时的韩国虽然经济上实行资本主义，但是政治上和苏联一样是独裁政权。之后没过几年苏联解体。20世纪90年代之后中国大陆和台湾地区也飞速发展，可以说90年代是一个神奇的年代。朝鲜作为例外没有发展起来，但是最近我们也可以看到一些改变的迹象。我们或许可以发展出一个"东亚社区"概念，把这些国家和地区联合起来。而在中亚，中亚国家都是苏联加盟国，苏联解体后虽然它们没有联合在一起，但是仍然保有一些联系，可以通过上海合作组织等机制相互合作。

南亚的情况非常复杂，该区域面临着许多冲突和矛盾。但是尽管印度和巴基斯坦的关系很不好，南亚各国仍可以通过南亚区域合作联盟进行对话合作。南亚区域合作联盟的有效性暂且不说，南亚至少存在着这样的一个机制。最令人惊奇的是东南亚。在二战前，大部分东南亚国家都先后是欧洲国家和日本的殖民地，泰国是个例外，但是总体情况就是这样。在二战后的独立潮流之后，东南亚成了一片拥有众多语言、宗教、习俗各不相同的国家的多元区域。形成一个共同的身份看上去非常困难，但就是这些国家成立了一个独立的机构——东盟，它的内涵和功能也不断地被丰富。尽管东南亚各国之间有许多矛盾和分歧，东盟的功能也不断地被改变，但是东南亚能通过东盟进行良好的对话和合作。

在欧洲，欧洲各国通过欧盟联系在一起。我想重点讲一讲欧盟。在亚洲我们或许会觉得欧盟是一个很好的组织，认为它能帮助欧洲各国进行合作。然而就我的经历而言，大部分欧洲学者强烈地指责欧盟的一些国家并抱怨欧盟不起作用。这对一致认为欧盟是建立良好共同体模范的亚洲学者来说或许很令人吃惊。最近发生的英国脱欧问题让这些学者感到恐慌和震惊。匈牙利等国拒绝接收叙利亚难民则引发了德国的指责。欧洲学者视这些为欧盟的失败之处。亚洲学者则认为虽然欧盟面临着许多挑战，但是相比较其他地区，欧盟各国之间的矛盾更少，合作更多。我对英国脱欧和匈牙利拒绝接收难民等事件并不吃惊，因为边界本身是变化的。以申根区为例，一些亚洲学者会觉得欧盟很好，但这只是在欧洲内部，只有在申根区内人员才能自由流动，而边界之外的普通亚洲人必须要获得申根签证才可以，日本人可以不用签证，然而比如印度人和中国人想进入申根区就必须要有签证了。

一些欧盟成员国还认为欧盟在建立共同安全检查程序上是失败的。英国脱欧的原因之一是它有着自己的政策。英国甚至没有加入申根区，它设立了自己的边检。欧盟成员国认为欧盟是失败的。在欧洲的一次会议中我曾经问一个欧洲朋友，西班牙人和葡萄牙人有什么区别，他说没有太大的区别。而北欧人和南欧人的差别其实是挺大的。另外我们知道希腊的经济发展存在很大的问题。有一次我们在希腊参加学术会议，我的一个芬兰朋友邀请所有与会人员吃了饭，当时许多希腊朋友就感叹：芬兰人真是太有钱了！他付了所有人的钱！从中我们可以看出欧洲各国的经济发展水平并不完全均衡。总之，尽管欧盟各国在许多方面存在差异，但欧盟始终是一个有组织的合作机制。

讲到北美地区，美国是极其重要的。美国总统特朗普想要采取一些措施针对墨西哥，但是经济问题限制了他的行动，因为缺乏了墨西哥廉价的劳动力和产品，美国将难以生存。尽管如此，北美还有北美自由贸易协定。然而在东北亚，我们有什么？我们没有机制，没有身份认同。

在东北亚其实存在过一些合作的尝试，比如说环日本海经济圈将日本、朝鲜、韩国、俄罗斯和中国等国联系在一起，该经济圈对朝鲜和中国的东北地区的经济发展有着重要影响。然而因为朝鲜的固步自封，这一合作没有取得很好的结果。对日本、韩国等已经取得较好发展的国家来说，这一经济圈对它们

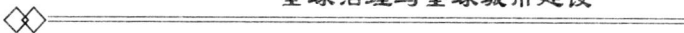

没有那么重要，对俄罗斯来说这个经济圈也无关紧要，但是中国东北地区和朝鲜是很需要这个发展机会的。之后为了应对东北亚核扩散的危机，六方会谈建立，成员国包括朝鲜、美国、中国、韩国、日本和俄罗斯。但我们可以看到这一机制没有取得太多的成果。如果六方会谈成功了，它将成为建立区域安全合作组织的基础。如果我们再邀请蒙古国加入的话，这本将可以是一个建立东北亚地区合作组织的机会。它的失败也是东北亚建立合作机制失败的一个缩影。

朝鲜半岛在东北亚扮演着一个非常特殊的角色。回顾其历史，我们可以看到其特殊性。首先，在东北亚存在着一种强权统治结构。在南亚印度占主导地位；东南亚的大部分国家都曾是殖民地，虽然印度尼西亚比较强大，但是还没有那么强势；在北美主要是美国主导；在欧洲则不存在唯一的主导性国家。但是在东北亚好像有一种几个强权轮流占主导地位的模式。在历史上中国曾作为帝国占据主导；之后的俄罗斯也曾是帝国，它侵占了中国的领土，控制了东北亚；随后日本崛起；日本被打败后，美国成为东北亚的重要势力，所有这些强权都在历史上对东北亚产生过主导性的影响，甚至现在，这些强权之间的相互合作和竞争仍对东北亚局势产生着严重的影响，而且这些国家之间往往是以双边关系为主。而朝鲜半岛在东北亚很少能作为一个棋手来行动。历史上的中日甲午战争实际上发生在朝鲜半岛，日本胜利之后不久，1905年日俄战争爆发，实际上也是发生在朝鲜半岛上的。

二战后，朝鲜在朝鲜战争中再一次沦为了各国权力博弈的战场。如果朝鲜半岛上的政权更加强大，那么东北亚的局势就会更加稳固。认识到这点对东北亚研究是十分重要的。其次，东北亚各民族流动也很有特点。朝鲜族在许多国家都有分布，在日本有许多朝鲜族，在中国也有很多朝鲜族，在俄罗斯也是。第三，在东北亚存在着十分固定的领土，各国间筑起了"高墙"并严格控制边界。我们知道，大部分欧亚大陆的争端集中点原本偏北部，而随着中俄关系的发展，两国边境地区逐渐稳固，争端出现了向南移的状况，更多地集中在海上。东北亚是一块大陆地区和海洋地区的连接区域，它的情况和亚洲内陆的情况非常不同。中国和俄罗斯可以算是陆权国家，美国和日本更像是海权国家，随着中俄加强合作，在东北亚这两种类型国家之间的竞争越来越激烈。2004年中俄就国界东段较为顺利地达成了协议，这也反映了内陆边界和其他边界的不同。随后俄罗斯把部分重心向北极转移，中国则想向南和向东发展。

二三十年前，大家会认为领土就是陆地领土，日本政府会强调日本是一个领土面积非常小的国家，在世界地图上则更加渺小。然而随着东北亚焦点向海洋的转移、各国对海洋权益的重视以及岛屿周边海域的开发，日本政府如今则更多地强调日本拥有广阔的海洋领土，重视对周边海域权益的维护和开发。虽然岛屿本身的面积很小，但是根据国际公约规定，国家可以拥有周边海域的权益，为此中日和日韩间的岛屿争端都有所升级。我们注意到，韩国、日本、中国大陆、台湾地区之间存在一些岛屿的争端，但在部分有争议的海域划定了共同开发区。海洋领土的边界划分与大陆领土的边界划分是不同的，海水是流动的，水中的渔产等资源也是流动的，海洋上的资源无法被固定，因此尽管我们目前还有许多矛盾和分歧，但是仍然需要共同开发资源。我们也可以看到，很久之前日本和朝鲜半岛、中国在地理上都不是很近，但是随着中俄关系变好，东北亚的焦点转移到海上，各国对海洋权益的重视改变了整个局势。

回到身份认同这一点。形成共同的身份认同并不容易，即使在欧洲,一些西欧人并不认为东欧属于欧洲。比如西欧人认为波兰人不属于欧洲人,而波兰人则认为俄罗斯人不属于欧洲人。俄罗斯人因为不被欧洲人接纳,在身份认同这个问题上徘徊许久,最后只能说自己属于欧亚人。我们可以看到身份问题有其特殊性,虽然欧洲各国同处欧洲,但仍然有着自己的形象。在东北亚没有一个共通的身份或者形象,说到东北亚时,我们无法对什么是东北亚有一个统一的概念。在20世纪90年代曾有过在东北亚建立共同体的设想,我曾经梦想过成为东北亚人的一员,但是我的希望没有实现,我不会说中文,不会说韩语,要成为一名东北亚人有着很大的困难。

到目前为止我都在批评东北亚之间合作状况的糟糕,但是我们需要想一下,东北亚各国间的关系是不是真的那么差?重新思考东北亚,我有几点想分享的。首先,虽然东北亚各国间建起了"高墙"这导致了许多矛盾,但是东北亚各国可以通过利用"高墙",加强对移民的管控,从而遏制恐怖主义。在日本、中国和韩国,各民族人口流动都能得到有效控制。在欧洲,即使是在布鲁塞尔,也发生过很多次恐怖袭击。其次,在东北亚的许多国家,政府媒体的管理也一直是一个很大的问题。比如在日本,如果有媒体批评安倍晋三,将会面临很大风险,甚至遭受管控。以安倍晋三和俄罗斯总统普京在2016年12月的会见为例,当时安倍晋三承诺说会谈取得重大的成果,但是最终毫无所获。当时安倍晋三掩饰说会进一步和俄罗斯方面沟通,但是至今仍然没有取得进展。另外,安倍晋三一直对朝鲜领导人金正恩持反对态度,并且积极主张对朝鲜实施制裁。然而当美国总统特朗普宣布要和金正恩见面时,安倍晋三马上表态支持。当第二天特朗普说要取消见面时,安倍晋三又说这"太棒了"。最后特朗普和金正恩还是见面了,安倍晋三则继续表态支持美国。人们被安倍晋三的举动弄得很困惑。在俄罗斯也是这样。在韩国情况有一点不同，不过也面临限制，如果有人想说日本的好话，将会受到严格的管控。对这些情况我很遗憾，但是这就是现实。

最后，我想谈谈海洋危机。虽然各国对海洋空间和资源有着各自的看法，但是我认为海洋危机是可以管控的。海洋应该成为人类共有的资源。国际法对大陆架进行了界定，其中蕴藏着丰富的资源，然而目前人类并没有足够的科技去探索和发展海底的资源。就好像宇宙空间，在科学技术足够发达的前提下，我们可以探索宇宙空间。又比如网络空间，有人会说网络空间没有边界，这是不对的。有些网站会因为某些限制无法被访问，比如在日本，日本政府就因为知识版权的问题关停了一些网站，这些无形的限制确立了网络的边界。可以说新领域的产生和原有领域的扩张都会产生更大的边界，限制也随之确立，但其主体都是人。这启发我们不能认为现有的边界就是固定不变的，一切都是可以改变的。

这就是我想和你们分享的，我们身处于上海，谈论东北亚是很有必要的。虽然我们人为划分了东南亚和东北亚，但是实际上你会看到整个大洋是连在一起的，不同国家和地区也因此联结在了一起。假设日本和俄罗斯能妥善地处理好争端，那么两国在附近海域的开发将会取得很大发展。同样的，虽然日本对中国来说可能是一个通往广阔太平洋的障碍，我们应该超越这种被"边界"的观念束缚的想法，因为我们需要尊重多样性。东北亚是大陆和海洋的连接点，如果我们能更好地处理东北亚问题，我们将拥有一个更光明的未来。还有，海洋空间是和陆地相连的，它并不是孤立的一块地方，南中国海、东海、日本海等海域就好像一串链条围绕了欧亚大陆。我个人更加倾向于把这些海叫做"欧亚海",我也希望能创立一个欧亚海合作组织来加强国家间的合作。我认为进行更多的区域合作是可能的,我希望你们能对区域间合作有更多的考虑。

国家和城市治理现代化

——以机构改革的演化为例

竺乾威

我的报告题目是深化党和国家机构改革，或者叫机构改革的演进。因为大家都比较年轻，所以给大家讲一讲机构改革的历史。我的演讲主要分为三个部分。第一部分是对我国机构改革的历史进行回顾，主要是讲前7次机构改革的历史；第二部分讲一讲第八次机构改革；第三部分主要讲一下我对机构改革提出的一些问题。

一、我国机构改革历史的回顾

改革开放以来，我国已经进行了8次机构改革，分别是1982年、1988年、1993年、1998年、2003年、2008年、2013年和2018年的机构改革。我先来谈一谈前7次机构改革，时间跨度很长，涉及的内容也很多。我把改革的内容做一个概括，包括以下几个方面：

第一个方面是关于机构和人员的精简。机构和人员的精简我们现在不再听说了，这是我国前期改革的主题。对中央和地方公务人员和机构精简的顶峰是在第四次机构改革，也就是

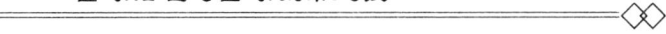

1998年朱镕基主导的机构改革。这次改革的力度非常之大，精简的力度达到50%。比如：中央机构从59个减到29个，人员从3.2万名减到了1.6万名，精简了50%。

朱镕基总理说："中央政府能够做到，地方政府为什么不能做到。"言下之意就是说，地方政府精简的比例也要达到50%。但实际上是不能实现的。为什么做不到？因为如此多的精简下来的人员到哪里去呢，这是一个很大的问题。中央政府也就是国务院人员的精简，他们的问题不大，据我所知，精简下来的人去读书的都有，也是可以有出路。但是在1998年中国经济比较落后，如果在地方层面也达到50%的精简，在我看来，省级要做到这点会很难，更不用说乡镇了，乡镇官员50%的精简，可能去当兵都不能被录取。所以地方政府的精简比例就下降到20%。但是在实际执行过程当中，有一些某种程度的抵制。在这个过程中，大量被精简的人员安置出现了问题，并且导致政府部门人手不足。在我看来，现如今我们公务员的人数不是多，而是少了。

我提供一个数据，大概两三年前，我国公务员人数大概在789万，应对的人口是13.86亿。与我国的总人口相比，公务员数量太少了。有些人从数量上看，我国28—29人养了一名公务员，实际上是概念性的错误。政府财政供养4300万人，并非全部都是公务员，这样看来，公务员人数较少就会导致一个状况，就是编制不够。举个例子来说，乡镇级属于公务员编制的人数大概在30—40人左右，但是显然这些人是不够的，那么解决的方法就是招体制外的人，这些人不是由财政来供养。比如以辅警为例，他不是警察但是行使警察的职能。辅警不是公务员，没有编制，在上海称他们是"4050"，因为他们的年纪大约在40—50岁。这样做的原因一是为节省经费，一个警察的费用可养8个辅警；二是解决部分就业问题。这也就是为什么一直到2003年温家宝总理上任以后，直到今天，我们的机构改革过程中不再用到"精简"两个字。

从第五次机构改革开始，我们的人员精简就停下来了。不再是人数上的精简，而是对机构性质上的改革。公务员的人数不多，但是预算比较多。中国政府在财政预算当中，用于行政管理的费用达到了22%—23%，这在全球都是名列前茅的，我们再来看美国和英国，这个比例通常在8%—9%，说明我们的政府经费比较充足。比如我们基层的单位，村书记包括村主任都由财政在供养。

再来说城市，城市最基层的就是居委会，按照我国相关法律的规定，它们是群众自治性的组织，但是居委会的工作人员也是由财政供养，这部分人所涉及到的资金是极其巨大的，但是倒过来，这样的一个做法，也使得村委会和居委会丧失了其自治性。我们的法律规定村委会和居委会都是自治组织，但是由于受到上级的财政供养，也开始执行上级命令。这是我要讲的第一个方面，精简人员和机构，这也是前期机构改革的主题，但是从2003年以后，这种情况几乎不再出现了。

第二个方面是关于政府职能的转变，它是机构改革的核心。自1988年第二次机构改革首次提出"转变政府职能"并把政府职能转变为机构改革的关键以来，政府职能的改革发生了三次转变：

第一次政府职能转变着眼于机构改革，从精简机构、精简人转向政府职能，适应经济体制改革的要求。1982年第一次机构改革的一个重要特点是精简机构、精简人，缩小政府的组织规模和人员规模。但是，机构和人员在第二次改革时出现了反弹和再度膨胀，这表明精简后的政府机构并不适应后来变化了的经济体制。1982年中央政府由100个部减少到61个部（现在只剩下27个）。1988年第二次机构改革，出现了机构精简的反复现象，机构增加到67个。当时政府采取的改革方式是什么呢？2008年我们开始认识到大部制改革，实际上大部制改革当时就已经存在了，只不过我们没有用这样的说法。精简下来的部门就要开始进行合并，在第一次机构改革中，就把劳动部和人事部合并了，变为劳动人事部。但是劳动人事部在第二次机构改革中，又被拆分，2008年在大部制改革中消失了，并入人力资源保障部。人事部成为人力资源保障部中的公务员局，现在公务员局也消失了，由中央组织部来管理。

第二次政府职能转变是从注重经济发展转向公共服务，其标志是第五次机构改革后提出服务型政府建设。政府职能这一转变的催化剂是2003年发生的SARS。GDP发展起来，有资源积累，为公共服务提供了基础。2004年前效率大于公平，之后公平大于效率，要把更多的精力投入到社会管理与公共服务中。我们可以看出政府职能有比较重大的转变，不再以GDP论英雄。

第三次政府职能转变是资源配置从政府主导转向市场主导。十八届三中全会中有一句话，让人眼睛一亮，要让市场在资源的配置中发挥决定性的作用，而这句话在十九大报告中被再次强调，意味着与以政府主导的经济告别。尽管第二次职能转变将政府的重心从经济转向公共服务，但改革以来形成的政府主导经济发展的模式并没有发生显著变化。这同改革之初的路径选择有关。

在经济发展方面，中国选择的是政府主导经济发展的东亚模式，通过政府的作用来推动经济的成长。这一模式对于中国经济的迅速成长起了重要作用。政府在经济方面的职能转变主要有两句话：政府对经济的管理要从宏观的管理到微观的管理，要从直接的管理到间接的管理。比如：1998年第四次机构改革，确立了市场承担资源配置的决定性作用，因此撤销了经济管理10个部门，如水利部、纺织部等，因为这些部门属于计划经济体制的产物。再举个例子，2003年第五次机构改革中出现了一些体现市场体制色彩的部门名称，如银监会、证监委、商务部等等。关于"2025制造"计划，西方不是反对计划本身，而是反对国家干预发展，因为国家干预下的发展过于强大，西方无法与我们进行竞争。在房地产行业上，政府与市场长期处在搏斗状态，中央政府打压后，房价上升更快，中央政府与地方政府的矛盾激化：中央政府打压房价，地方政府靠卖地增加财政收入。

第三个方面是关于管理体制和制度的改革，这可以从宏观和微观的角度来看。宏观层面涉及到公务员制度等，微观层面牵涉到政府的问责制度、信息公开制度、决策参与制度等。可以说，改革开放40年以来，我国在这些方面进步非常大，管理的规则和治理体系越来越完备。

第四个方面是关于权力机构的重组。我可以从两个方面去讲权力机构的重组：一是国家、社会和市场的重组。改革开放前中国是传统的社会主义国家，其特点就是国家凌驾于社会之上的模式，国家涵盖一切，没有市场，没有社会。所以改革开放给中国带来的一个最大变化，是我们从国家的一统天下，走到了今天的天下三分：市场、社会与国家，市场与社会的成长本身就意味着政府权力某种程度的跌落，尽管当今政府仍处于主导地位，但与之前相比权力已经分散了许多。二是政府组织内部的重组。比如大部制改革，实际上也是权力机构的重组。尤其是第八次改革，党政权力发生了很大的变化，8次机构改革有 4 个重要的转折点。第一个转折点是从党政的改革转向政府的改革。第二个转折点是从精简机构、精简人转向政府职能转变。第三个转折点是政府职能从适应市场经济体制的要求转向社会管理和公共服务。第四个转折点是从政府的改革转向党政军群的改革。先讲第一个转折点。党政改革之后转向了政府的改革，现在又转向了党政军群。第一个转折点发生在1987年中共十三大以及随之而来的1988年的第二次机构改革。改革是围绕"党政分开"进行的，有三大举措：建立公务员制度（成功执行，参考1993年《国家公务员暂行条例》与2006年《公务员法》对公务员定义的区别）；党的属地化管理（没来得及执行，参考党的组织放到地方属地管理）；在党的机构撤销与政府相重叠的部门和机构（执行之后又返回，参考政法委取消后又重组）。十三大报告有三点是引人注目的：党政分开；党必须在法律的框架内活动；建立社会协商对话制度。

我认为目前我国还没有建立有效的协商制度。但是冲突增多、矛盾增多反而是社会的进步，所有冲突与矛盾的背后，用政治学来分析，就是两个字"利益"。既然是为了利益展开，那就是有利益为前提，为了保护自己的利益，人与人之间、单位与单位之间就会有冲突。在改革开放之前，中国人是没有利益的，当初讲到公与私，那是一种罪恶，但是在今天出现了私有财产，这是一种社会的进步。我们要考虑的是如何解决冲突与矛盾，在冲突与矛盾出现以后，如何更好的解决它。

这三点实际上涉及了中国政治体制的核心问题，首先是党政分开。邓小平的说法是："改革的内容首先是党政分开，解决党如何善于领导的问题。这是关键，要放在第一位；第二个内容是权力要下放，解决中央和地方的关系，同时地方各级也都有一个权力下放的问题；第三个问题是精简机构，这和权力下放有关。"这样的排列背后的逻辑，我认为是要通过党政分开来解决党政的权力边界问题。这样以后，设立政府、市场和社会的权力边界。这一改革的逻辑后来发生了变化，在党政一起改革发生挫折后，机构改革便转向了政府自身的改革，也就是从政治体制的改革转向了行政改革。或者说，从结构的改革转向了技术和流程的改革。但是后来的发展，没有按照邓小平的逻辑来走，我们没有解决党政分开就走向了精简机构，直到这一次转向了党政军群，因此我说这是一次转折点。中国共产党的十四大报告一直到十九大报告都没有再提到党政分开，我们现在的改革都是走向党政合一。

接下来，我再谈谈前7次机构改革展示的5个方面的特征：

第一，自上而下的改革，我们又称之为强制性的制度变迁。改革的原因是为了降低社会管理的交易成本。优点是通常在最短的时间、最大限度降低改革本身的成本。缺点在于违背一致性同意的原则，造成改革过程中利益受损者成为改革的阻力。

第二，自下而上的改革，最终要么回归原有体制，要么一直停留在"试验"阶段，既没有回归原有体制，也没有上升为国家层面的统一规范。改革命运基本上不乐观。举个例子，20世纪90年代甘肃省黄龙县精简机构，许多部门消失了，因此难以获得上级的资源。再比如，顺德建设局将9个部门合并，包括省水利厅、市水利局，它挂牌必须有水利二字才可以获得上级的拨款。上海也有个一字换百万的故事。上海农业局将挂牌改成上海农林局，一字之差，获得了财政拨款300万。

第三，问题取向，着重解决当时面临的问题，缺乏长远目标的指引。

第四，"摸着石头过河"式的渐进改革特征。学术界对此有两个观点：一是"摸着石头过河"已经过时，水已经很深了；

二是"摸着石头过河"是一种经验主义的做法，不能老是靠经验，要以理论指导实践。我认为实践先行的做法是有价值的，缺点在于改革时间拉长、摩擦成本降低、时间成本增加。过分依赖渐进做法，是否可以考虑激进方法，不要盲目崇拜渐进方法。

第五，由于政治体制改革迟缓，着眼于政府自身的机构改革使得这一改革与整个社会渐行渐远，改革动力减弱。国家政府系统不变，基层机构改革会带来很多不便。

二、第八次机构改革

第二部分我要讲一下第八次机构改革。此次改革的背景是我们要适应统筹推进"五位一体"总体布局，协调推进"四个全面"战略布局。但是现有状况是，党和国家机构设置和职能配置同统筹推进"五位一体"总体布局、协调推进"四个全面"战略布局的要求还不完全适应。主要原因是：

1. 一些领域党的机构设置和职能配置还不够健全有力，保障党的全面领导，推进全面从严治党的体制机制有待完善；

2. 一些领域党政机构重叠、职责交叉、权责脱节问题比较突出；

3. 一些政府机构设置和职责划分不够科学，职责缺位和效能不高问题凸显，政府职能转变还不到位；

4. 一些领域中央和地方机构职能上下一般粗，权责划分不尽合理；

5. 基层机构设置和权力配置有待完善，组织群众、服务群众的能力需要进一步提高

6. 军民融合发展水平有待提高；

7. 群团组织的政治性、先进性、群众性需要增强；

8. 事业单位定位不准、职能不清、效率不高等问题依然存在；

9. 一些领域权力运行制约和监督机制不够完善，滥用职权、以权谋私等问题仍然存在；

10. 机构编制科学化、规范化、法定化相对滞后，机构编制管理方式有待改进。

这次机构改革的重点是转变政府职能，其根本途径是政企分开。要按照建立社会主义市场经济体制的要求，加强宏观调控和监督部门，强化社会管理职能部门，减少具体审批事务和对企业的直接管理，做到宏观管好、微观放开。要坚决把属于企业的权力放给企业，把应该由企业解决的问题交由企业自己去解决。政府的行政管理职能，主要是统筹规划、掌握政策、信息引导、组织协调、提供服务和检查监督。要理顺中央和地方的关系，合理划分中央与地方的管理权限，充分发挥中央与地方两个积极性，使地方在中央方针政策的指导下，因地制宜地发展本地区经济和各项社会事业。要理顺国务院各部门之间的关系，合理划分职责权限，避免交叉重复，调整机构设置，精简各部门的内设机构和人员，提高行政效率。

那么接下来我来谈一下，此次改革的目标主要有四个。第一个目标是要构建系统完备、科学规范、运行高效的党和国家机构职能体系，形成总揽全局、协调各方的党的领导体系。第二个目标是政府要做到职责明确、依法行政的政府治理体系。第三个目标是军队要建设具有中国特色、世界一流的武装力量体系。第四个目标是在联系广泛、服务群众的群团工作体系改革中，要坚持党的全面领导，坚持以人民为中心，坚持优化协同高效，坚持全面依法治国的四个原则。其中，关于"坚持以人民为中心"这一原则，我认为体现了"五位一体"的发展，与当前我国新时代的主要矛盾的界定有关。

此次改革的目标决定了改革会采取不同以往的措施，尤其在党政关系这一最重要层面上，与以往几次机构改革相比，本次改革主要展现了以下几个特点。

1. 党的全面领导

（1）党政机构部门合一。比如组建国家监察委员会。这一机构将原来的监察部、国家预防腐败局的职责、最高人民检察院查处贪污贿赂、失职渎职以及预防职务犯罪等反腐败的相关职责进行整合，同中央纪律检查委员会合署办公，履行纪检、监察两项职责，实行一套工作机构两个机关名称，以加强党对反腐败工作的集中统一领导，实现党内监督和国家机关监督、党的纪律检查和国家监察有机统一，实现对所有行使公权力的公职人员监察全覆盖。再比如，将中央直属机关工作委员会和中央国家机关工作委员会的职责整合，组建中央和国家机关工作委员会，作为党中央派出机构。

（2）加强党的领导。为加强党中央对涉及党和国家事业全局的重大工作的集中统一领导，强化决策和统筹协调职责，将中央全面深化改革领导小组、中央网络安全和信息化领导小组、中央财经领导小组、中央外事工作领导小组分别改为中央全面深化改革委员会、中央网络安全和信息化委员会、中央财经委员会、中央外事工作委员会，负责相关领域重大事务。对工作进行顶层设计，总体布局，统筹协调，整体推进，督促落实。

（3）党直接管理。党的直接管理是将原来不属于党直接管理的一些政府部门由党直接管理。比如，公务员原来由人力资源与社会保障部的国家公务员局管理。为更好落实党管干部原则，加强党对公务员队伍的集中统一领导，更好统筹干部管理，

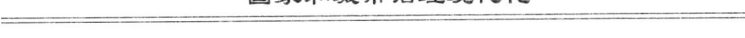

建立健全统一规范高效的公务员管理体制，本轮改革将国家公务员局并入中央组织部统一管理。调整后，国家公务员管理局不再保留，中央组织部几乎全面取代了原国家公务员局公务员管理的所有职能。比如统一管理公务员录用调配、考核奖惩、培训和工资福利等事务，研究拟订公务员管理政策和法律法规草案并组织实施，指导全国的公务员队伍建设和绩效管理，管理国家公务员的国际交流合作等。此外，将国家新闻出版广电总局的新闻出版管理职责以及电影管理职责划入中央宣传部，由中央宣传部统一管理新闻出版工作，以加强党对新闻舆论工作的集中统一领导，加强对出版活动和电影工作的管理。

2. 从局部改革走向整体推进

在以往的7次机构改革中，除了第二次改革涉及党的内容，其他基本上都是政府机构的改革。改革从中央政府层层推进到地方政府，涉及的内容基本上是围绕提高政府的效率来进行的，比如精简机构、精简人、行政审批、绩效评估、流程改进、机构重组等等。本轮改革的一个不同点在于是一种整体性的系统性的改革，这与改革的背景有关，努力来进行反腐。这些问题仅仅通过政府的改革而不涉及其他方面的改革是很难有成效的。本轮机构改革是从国家治理体系和能力现代化的角度，从"五位一体"的总体布局和"四个全面"战略布局的角度出发的，因此，它需要一种整体性的改革，而不仅仅局限于政府的改革。从改革的举措上，可以看到这次机构改革涉及了党政军群四大方面，涉及了机构人员编制问题，也涉及了中央和地方的关系问题，比如，扩大省以下各级政府的权力。

3. 从职能组合走向职能和机构的重构

职能组合主要表现在大部制改革推行的"合并同类项"这一原则上，将职能相同或相近的部门或机构组合到一起，比如将原来的人事部和劳动部组成人力资源与社会保障部，将航空、铁路、公路组成交通运输部，这种职能的组合旨在减少由职能的重复和交叉引发的效率低下和管理困难。

4. 地方机构改革的突破

以往政府机构改革强调的是地方机构与中央机构的对应，改革从中央政府开始，然后逐级往下推进。改革的基本格局是部门上下对应，上面的机构一变，下面也跟着变。这一改革方式与中国权力集中的单一体制有关。根据宪法，省级以下的政府机构都是国务院也就是中央政府的下属机构，都服从国务院。这一体制的优点在于做事迅速，效率高，但缺点是下级的主动性和创造性比较差。如何发挥中央和地方两头积极性一直是体制改革中的一项任务，尤其是在建立了市场经济体制（它是一种自下而上的运动过程）之后，它要求地方具有更多的主动性和创造性。本轮机构改革将地方的改革专门作为改革的一部分。

与以往相比，其特点在于：（1）强调统筹。坚持省市县统筹，党群统筹，统筹设置党政群机构，在省市县对职能相近的党政机关探索合并设立或合署办公，市县加大党政机关合并或合署办公力度。（2）在坚持维护中央权威和集中领导、省市县各级与国家法制统一、政令统一、市场统一的机构职能基本对应的情况下，赋予省级以下机构更多自主权，突出不同层级职责特点，允许地方根据本地区经济社会发展的实际，在规定限额内因地制宜设置机构和配置职能。（3）构建简约高效的基层管理体制。毫无疑问，此轮改革给了地方更多的自主权，也可以预计，地方的改革会产生更多元化的特点。

三、对第八次机构改革提出的五个问题

我认为本轮改革有五个问题：党的全面领导的实现问题、组织结构问题、执行问题、利益补偿问题和改革创新问题。对于这几个问题，大家可以一起讨论。

首先是党的全面领导的实现问题。本轮党和国家机构改革强调了党的全面领导。党在比以往更高的程度上介入行政管理以及其他的管理，这是本轮改革的一个重要特点。本轮改革在如何实现党的全面领导的路径上也进行了不少的努力，比如前面讲到的党政机构的合一、党的职能部门的直接管理等等。除了这样的一些统筹设置的党政机构（如国家监察委员，党的职能部门如中组部、中宣部和统战部，一些其办公室设在部门中的中央机构，如中央全面依法治国委员会、中央审计委员会等等）之外党的全面领导还体现在强化党的组织在同级组织中的领导地位。

《决定》指出，在国家机关、事业单位、群团组织、社会组织、企业和其他组织中设立的党委（党组），接受批准其成立的党委统一领导，定期汇报工作，确保党的方针政策部署在同级组织中并得到贯彻落实。这里的一个问题是，党的全面领导是否意味着党对任何事情包括行政的无所不包的管理？是否需要借助这样具体的管理来实现领导？这需要对党进行全面领导所借助的权力有一个认识。

我认为，这一权力可以由领导权和治理权两个部分构成。领导权与治理权的分开从理论上讲来自于对马克思主义国家权力理论的一种理解。在马克思主义的国家理论看来，国家权力行使两种职能，即政治统治职能和社会管理职能。可以把国家

权力分成领导权和治理权,领导权对应国家权力涉及的政治统治职能,而治理权对应的是社会管理职能。正如马克思恩格斯指出的,社会管理职能的执行取决于政治统治,而政治统治的维持又是以执行某一社会职能为基础的。

因此,治理权的执行取决于领导权,但领导权的维持又是以如何执行治理权为基础的。党的领导权主要表现在行使政治统治职能上,而治理权则可以由政府和社会的其他组织来行使。其之所以如此,是因为中国的社会格局已经发生了一个从原来的国家一统天下到国家、社会和市场三分的变化。以政社分开而言,它想达到的目的就是让社会组织成为自主的组织,在社会的治理中发挥政府和市场难以发挥的作用。

类似这样的治理不可能是由党的组织来承担的,但这不妨碍党在社会组织的活动中发挥领导的作用,所谓领导作用,就是指方向、指路线、画蓝图、进行监督,保证方向路线正确,保证规划、目标得以实现,具体的操作和施工不必亲自出马。如果党拘泥于方方面面细节的治理:第一,它不具备如此多的资源;第二,它会压抑其他组织的作用,增加管理社会的交易成本;第三,它无法有时间和精力注重重大的和方向性问题的思考。因此,强调党的全面领导还必须考虑实现这一领导的路径问题。不解决路径问题,要么使党的领导徒有虚名,要么使党陷入事无巨细的泥淖无法自拔。

其次是组织结构问题。本轮改革将一些党的委员会嵌入政府部门之中,比如前面讲到的中央全面依法治国委员会办公室设在司法部,将中央审计委员会办公室设在审计署。这一办公室是一个常设机构还是两块牌子一个班子?如果是两块牌子一个班子,那么里面的领导人就具备了党和政府的两种身份。两种身份集中于一人,至少如何体现党对行政的监督成了一个问题。如果是一个常设机构，那么就有一个委员会与部或署的关系问题，是领导和被领导关系？如果是，那么委员会与司法部和审计署上面的国务院又是什么关系？国务院实行的是首长负责制，而委员会实行的是合议制，这里的最高决策权在哪里？最后的决策以什么方式进行？如果是一个常设机构，那么就需要人员编制，这是否会造成机构人员增多？

第三是执行问题。决定做出后需要执行，执行得如何在很大程度上决定了决策的目标能否得以实现。中共层面显然已经注意到党和国家机构改革在执行过程中会出现一些问题。中央纪委在2018年3月22日印发的通知中指出了执行过程中可能出现以下问题：有令不行有禁不止，上有政策下有对策，搞变通拖延改革；擅自行动一哄而起，重大改革事项不及时报告；机构改革方案涉及的机构设置、人员编制调整不按规定程序报批，擅自提高机构规格，调整和增设内设机构，增加人员编制和领导职数，在编制数据上弄虚作假，上级业务主管部门违反规定干预下级机构设置和编制配备；违反民主集中制原则和干部工作程序规定，擅自决定涉及人员分流、干部任免等重大事项；突击进人，突击提拔和调整交流干部，突击评定专业技术职称。这需要严格执行机构编制纪律、干部人事纪律、财经纪律和保密纪律，严肃查处改革中的违纪行为，以严肃问责推动改革主体责任落实，保证深化党和国家机构改革的顺利进行。

第四个是利益补偿问题。机构改革的过程也是一个利益调整的过程，会有人在这一过程中受益，也会有人在这一过程中利益受损。上面中纪委指出的在改革执行过程中可能出现的一些问题，其背后的实质就是利益问题。有人希望在改革过程中不正当地获益，有人想保持现有利益或避免利益受损。因此，改革需要同时解决利益问题，尤其是解决利益受损的问题。

最后一个是改革创新问题。本轮改革提到了地方机构改革的问题。从机构改革的方式来说，通常有自下而上和自下而上两种。自上而下的方式是我国机构改革的通行方式，但也有自下而上的地方主动发起的改革，尽管不多。从理论上讲，改革的过程应该是一个自上而下和自下而上的互动过程。但以往局限于政府的改革使得自下而上的改革最后要么回归原有体制，要么一直处在实验中，成功的几乎没有。一个重要的原因在于地方的改革很难突破整个国家的体制框框。本轮改革强调赋予省级以下机构更多自主权，突出不同层级职责特点，允许地方根据本地区经济社会发展实际在规定限额内因地制宜设置机构和配置职能。这句话表明本轮改革给予了地方比以往更多的创新空间，强调自主权、因地制宜地设置地方职能。因此，如何激发地方的改革创新是一个我们需要考虑的问题。那么如何去激发地方的改革创新，我认为有两个方面：第一个方面就是国家的体制，如何给地方的改革创造更多的空间，如果上下级不对应的话，现在的改革是很难进行的，所以从国家的层面应给予更多的支持；第二个方面要激发改革创新，就要有一个界定，我认为很重要的一点就是，对在改革中出现的错误如果严加处分，那么就没有人会尝试改革，就像我们经常说的多做多错，少做少错，不做不错，这就会导致一种不作为的现象。所以要激发改革创新，就要对官员有一种激励的机制，对可能犯的错误保持一种宽容的态度。

全球化时代的城市政治与行政

桑玉成

在人生的历程中,很多价值观以及思想的改变往往不是自然产生的,而是来自外界的不断刺激,这就涉及刺激反应理论。具体来说,某个事情对你产生了重大影响,可能改变了你原来确立的价值观。我一直在总结教学方法,我认为教育的过程是面的,就是面向每个人的教育过程,就像我们对所有同学上同样的课。但是交流的效果往往是点的,也就是说,这一个班中的100多人未必都能够获得某种受益或者启示。但其中有部分同学是因为参加了这个班,所以确认了一种理想与信念,做成了大事,这就是说结果是点的。再比如复旦大学以往一年招生3000多人,所有学生都接受同样的教学,只有少数人能够担当起一个重任。

我今天说这个就是希望这一个多小时也能给大家形成一个比较深刻的印象,在我们的漫谈中获得某种启示。另一个说法,也就是我们常说的"听君一席话,胜读十年书"。这背后有一个故事,以前很多人要去考科举,有一个秀才住在一个老农家里,农夫想要考考秀才,就问海水有没有雌雄?秀才答不出来。老农就告诉他海水的波为雌,浪为雄。老农继续问第二个问题:树木有没有公母?秀才也答不出来,老农说,松树为公,梅树为母。第二天秀才就告别农夫去考试，到了考场发现卷子上真有这样的题目，所以他就答出来了，进而当了官。几年后，他为了感谢这个农夫就送了一副对联，写着"听君一席话，胜读十年书"。确实，我觉得我们的教育当中应该有这样的部分。

回到本话题全球化时代的城市政治与行政。我认为这个题目很宏观，里面每一个概念都可以大做文章。比如说全球化，什么叫做全球化？全球化意味着什么？什么又叫做城市化？虽然题目很宏观，但还是要漫谈式地跟大家讲关于这个论题的一些基本问题。

全球治理是一个崭新且重要的话题。在这样一个开放的信息化时代，很多全球治理问题让单个国家无法独自解决。过去毛泽东时代讲独立自主与自力更生，现在这个世界已经没有办法做这个事。之后，邓小平讲过一句非常重要的话："中国的发展离不开世界。"也就是说，要发展，要在这个世界当中能够生存，就必须加入这个世界体系，所以这就是全球性的问题。

实际上一个国家的问题也是全球性问题，包括像现在的环境问题与资源问题等等，都需要采用全球治理的视角。但是，无论谈国际关系还是谈全球治理，都有一些基础性的问题需要得到解决，需要回应。国际问题研究同样要有它的价值取向，即在思考全球问题、解决全球问题时，我们首先秉承的价值取向是什么？这就要在政治学里找到它的理论基础。通常说美国搞霸权主义，那么美国霸权主义的基础是什么？通常的回答是强大的军事实力和市场经济，军事是奠定美国所谓国家实力的重要基础，但是这个理解是非常片面的。这就涉及到另外一个重要概念就是软实力，也就是说国家的综合实力不仅仅取决于或者甚至不主要取决于它的硬实力。

软实力是什么？就是价值。而现在软实力的部分已经渗透到所有的物质层面。举个例子，上海应用技术大学有几个学科在全国非常有影响，其中有一个就是香料和香精专业，评估它这个学科的时候，我提出一个问题，即我们现在的香水与法国香水的区别在哪里？对方的教授说我们从工艺到质量都不差，而且法国很多香水的原材料是我们这里提供的。法国香水的价格高，很大程度上是因为它的牌子。所以这里面就有很多软实力的问题。不要认为把东西做出来了就已足够，没有这个价值体系就是不行。所以这是一个很重要的问题，要从源头上从政治的角度研究国际问题，这个需要有政治学的基础，要有价值观。因此，首先我想讲讲政治学。

一、政治学解决的三大基础问题

我们学的政治学与一般理解的政治是不一样的。什么叫做政治学，最简单的说法就是治国安邦的学问。如何把那么大一个国家的那么多千差万别的人组织起来建立一套秩序，这就叫治国安邦。所以政治学是一门治国安邦的学问。

政治学要解决三个基本问题：第一个问题是构画人类美好理想之蓝图。打个比方，要盖一个报告厅，在盖之前，设计师已经把模拟图放在大家面前，我们就按照这个盖，盖完以后，建筑和原来设计是一样的。现在各位看到那么多人，领导干部也好，老百姓也好，整天为这个社会忙忙碌碌，我们都在为这个社会添砖加瓦。但是我们要为之奋斗的社会是一个什么样的社会？人们不一定会去考虑这个问题，很多人头脑里面不是特别清楚。但是我们学者要考虑要建构一个什么样的理想社会。也就是说我们那么多人为这个社会添砖加瓦的时候，是不是知道设计图的模样？这个问题要去思考，各位年轻人尽管可以去畅想，这也是政治学要去思考的一个问题。

过去很多思想家都为寻找到一个理想社会奋斗过。比如共产主义，这不是马克思主义的首创，之前很早就有人提出关于社会主义的构想，甚至有人写过社会主义思想史，可以追溯到古希腊，理想国里面就是有很多社会主义的影子。此外，我们现在都知道乌托邦的概念，英文里面也有乌托邦这个概念，解释为子虚乌有的幻想的东西。但其实莫尔写《乌托邦》这本书，不能简单地认为他是空想。他也是对一种理想社会的憧憬，他希望我们人类社会应该是怎么样子，后来能否实现是另外一回事。

说到马克思、恩格斯的共产主义，实际上也是对未来社会的一种构想与憧憬，希望未来社会没有剥削、没有压迫，消灭私有制。所以政治学要解决一个问题，就是要有一个理想社会的蓝图，找到合理的组织和制度，这样千差万别的人就能够各得其所、各安本分，这样才能相得益彰、共存共荣！

我从你们这个年龄开始，做了三四十年的学问，有很多领悟，其中的一个就是人实在是太复杂。数学把数字作为研究对象，物理学把运动作为研究对象，政治学实际上是把人作为研究对象。其实如果从对象这个角度来讲，人是最复杂的。打个简单的比方说，我们因为身体痛而去看病，医生不知道你这个痛的程度是什么。美国的医生会给你一个表格，表格上写着从1—10的数字，1表示痛的很轻微，10就是说痛的很严重，然后你选择大概是在什么位置上。但其实不同人的心理感受也是不一样的，你这个痛你选了10，我觉得自己不要紧所以不会选10，所以人太复杂。世界上那么多人，你找不到两个长得完全相同的人，你更找不到两个想法完全相同的人，对同样的讲座，大家可能感受都不一样，所以人是绝对复杂的。就像我们一开始来到这个人世间,既是生物学意义上的人,又是社会学意义上的人。在这样的社会之中,人们不断地进行角色分化,最开始是早期教育,之后是择校优劣,分化到最后就是在一个社会里面,有的人为官、有的为民、有的为富、有的为贫。

第二个问题是组织和制度。社会中的人是复杂的,政治学要建构一种组织和制度,使那么多错综复杂的人相安无事,相得益彰,使大家和谐友好。这个组织和制度也就是政治学需要解决的第二个问题。全球治理实际上也需要这种组织和制度。所以第一个问题是有科学合理的规划,有个理想蓝图。第二个就是要有组织和制度。

第三个问题是要找到有效的方法来提高用非暴力手段解决矛盾和冲突的有效性。哪个国家与国家、民族与民族之间不会发生冲突,不会爆发战争?但是,从某个意义上讲,战争一定是罪行。人类很清楚战争的残酷,但还是无法避免此类冲突。我们有时候也想,如果说人类没有了军备竞赛,可以给人民带来多少福利,这便是我们政治学所要研究的。

国际关系、国际政治研究中最重要的问题,就是怎么用和平方式提高解决人类矛盾和冲突的有效性。关于社会发展的问题,从马克思主义的基本观点看,国家就是暴力机器,暴力是国家的本质特征,是国家的最后手段。暴力是国家的最后手段,但是暴力不能是国家的经常性手段。正常情况下,国家的很多矛盾和冲突是通过非暴力方式来解决的。如果某一国家频繁使用暴力解决问题,表明这一国家的秩序存在问题。比如中东问题,很多人都希望推进中东和平进程,但是到现在都无法解决,其中存在很多复杂的问题。解决不了,不意味着放弃,反而更要去寻找解决方法,找到和平的解决方式。另外还有朝鲜问题、台湾问题,大家都希望通过和平方式解决。

综上，我认为政治学要解决这三大问题，第一，理想蓝图，设计理想的社会。第二，组织和制度。第三，要用科学有效的方法来应对问题，也就是提高非暴力解决矛盾和冲突的有效性。我认为，全球社会也是如此，现在的全球化城市治理，都需要解决这些基础性问题。从我们的角度来说，我们自己说是个负责任的大国，推进"一带一路"进程，同时我们确实需要了解全球的治理形态是什么，价值观是什么。所以下面我再具体讲一些基本概念：城市、城市化以及全球化时代的城市治理。

二、城市、城市化以及全球化时代的城市治理

城市这一概念在中国汉字中很早就出现了。"城"是中国古代相对封闭的地方，围城圈在一起，就是城。"市"实际上是交易的场所。顾名思义，"城市"就是以商业为主的人口相对密集的聚居区。从城市的起源来看，城市本身是社会发展特别是社会经济发展的成果。早期的时候没有这一概念，那时自给自足的经济不需要有城市。后来物品剩余才出现交换，有了交换就需要有交换的场所。我们现在讲的所谓国家，最早是从欧洲文明中引进的。"国家"在古希腊就类似于"城邦"，一个相对集中的结合体。不同于现代政治化程度那么高的社会，在研究国家政府早期时，要学会想象那个时代的生存状况。

20世纪，很多人没有经历过使用电灯、电视机、电话等。时间再继续倒流，可以想象当时人类生存的状态：生活自给自足，之后出现交换，逐渐出现了人口相对聚集的地方。按照马克思主义学说，也逐步形成了专门以商业为生的社会阶层，即不参与种植只进行交换的商业阶层，进而逐步形成城市。城市的产生和发展一定是与社会发展相联系，所以城市化是一个衡

量现代社会的非常重要的标准。

什么叫现代社会？即城市化水平很高的社会。基本上，现在世界绝大多数国家的城市人口已经超过了农业人口，包括中国在内。但是我国的户籍统计存在一些新情况，以上海为例，之前有两种户口登记方法，一种是农业户口，一种是非农业户口，即城镇户口。目前上海增加了一种新情况，即常住非城镇户口，上海目前有几百万人居住，但是没有城市户口，不能享受与其他上海市民同样的待遇。这也是全球治理、城市治理带来的问题。如果按照实际居住人口来讲，中国的城市居住人口据统计已经达到60%左右，大大超过了在农村居住的农业人口。一般情况下，发达国家的城市人口达至80%—90%左右，只有少数人居住在农村，大多数人都在城市。

"政治"是在城市中开始，农村基本上不涉及这一问题。毛泽东在革命时期提出"农村包围城市"，从农村发动、征集兵力，但是目的还是在城市。所以，政治和行政基本上都是城市的问题。城市有很多特点，比如人口高度密集但人际交往冷淡，人口虽然集中但互不往来，农村的"熟人社会"在城市很难实现。城市之间也会有所不同。北方城市居民之间的互动较多，但是上海居民之间基本互不往来，除非是居民本身来自北方。现在新式小区邻里之间都不相识。这也为城市秩序和城市生活带来一个问题：要建构一个城市秩序，如何面对此类人群？城市治理变得更加困难。20世纪80—90年代，一个民警负责一个片，即一个"片警"管理几千人。片警最好的工作状态就是对当地居民的生活情况了如指掌，深入到居民的日常生活中：串门了解情况、提醒安全事项等。在现代，民警面临的最大问题就是"进门难"，防盗门、猫眼的设计使居民不愿打开大门面对面地交流。

现代催生了"全球化城市"这一概念。现代社会跟过去不一样，之前城市之间关联度小，现在城市基本上都具备国际化特点。上海正着力打造国际化大都市，几百万外籍人士常住在上海，比如50万左右韩国人，几十万台湾人也居住在上海以及上海周边如昆山等地，此外，日本人也很多。但是总体来说上海的国际化水平还是比较低，比如说大学外籍教师和同学的比例还是较低，公务员体系未对外籍人士开放。

全球化城市需要按照全球化规则、国际化标准进行管理和治理，提供国际化的服务水准，这也是全球治理的内容。现代人一定要有国际化视野。2018年是《共产党宣言》发表170周年、马克思诞辰200周年，马克思在30岁时就写下历史上的浓厚一笔《共产党宣言》。马克思在170年以前就讲生产的世界性趋势。由于开辟了世界市场，整个生产具有世界性，所以民族工业受到冲击。很多品牌不仅仅应该被认为是某一国家的品牌，而应是全人类的品牌。所以"抵制日货"、抵制肯德基等类似做法实在不理智，店主、经营者都是中国人，他们共同使用了世界性的品牌。《共产党宣言》在1848年发表。25年后，恩格斯为《共产党宣言》写序，中间多次提到"25年过去了，情况发生很多变化"。现在很多个25年过去了，马克思没坐过汽车，恩格斯没有坐过飞机，毛泽东、斯大林没有见过电脑，邓小平没有想到人手一个智能手机。全球化发展势不可挡，逆全球化思潮出现。因此，在当代全球治理这一议题更具现实意义。

最后，关于全球化城市治理当中的政治、行政问题。政治和行政实际上是两个概念。行政学原来是政治学的一个分支，两者无法彻底区分开，但是政治和行政的确是两个概念。先说政治，什么叫政？什么是政治？孙中山曾解释说，"政"是大家的事情，即众人之事；"治"为管理。所以，管理众人之事就是政治。我觉得这个解释非常巧妙。基于此，孙中山区分了两种权力，一种叫政权，一种叫治权。所以他认为政权应该由人民来掌握，即民族主义，而治权应该交由专业人士。这一区别很有价值。广义上说，"政治和行政"实际上就是"政和治"的意思。美国思想家古德诺先生在《政治与行政》一书中对政治和行政做了区分，认为政治是国家意志的表达，行政是国家意志的执行。关于政治和行政，首先要解决的是政治问题，其次是治权问题。

现代城市要解决一些基本问题，大概有以下几个方面。首先，城市的公共秩序。公共秩序的建立对城市发展非常重要，涉及公共安全、交通秩序、垃圾处理、环境保护等多方面。第二，市民的权利保障。前面有讲政权是大家的事情，民众对城市发展有公共话语权，以及应该享受到城市的福利，这些都可能涉及政治问题。第三，城市的管理体制，如何将城市有条不紊地进行安排。各个国家的城市管理体制有所不同，城市大小也不同。像上海这样的特大型城市在全球非常少，大多数都是几万、十几万人口的中小城市。美国以及部分欧洲国家的城市都是让某一公司管理，这种城市管理体制通常被称为城市经理制度。在城市经理制度下，公共安全、供给保障、环境卫生等都是由某一公司管理。所以，管理体制也是多种多样。第四，公共事业的供给。公共事业包括安全、教育、环境、交通等，一个城市应为个人提供以上资源。这一过程会很复杂，也有很多困难，但是非常重要。第五，道德风尚的维护，城市管理不能忽略道德风尚的维护，道德风尚的维护体现在方方面面。法国思想家卢梭说，一个好政府是能够使它的国民更富有智慧和更富有道德的政府。我觉得这一说法非常有意义，值得思考。政府作为公共权力，促进其市民更富有智慧和更富有道德，形成良好的社会道德风尚，这是一个政府应有的职责。思想家对于政府推动物质财富增长这一话题很少涉及，而以上所提及的公共秩序、权利保障、管理体制、公共事业、道德维护等都是公共权力需要去做的事情。

迈向卓越的全球城市

——《上海市城市总体规划（2017年—2035年）》介绍

廖志强

上海是中国对外开放的门户城市，也是经济开发的中心城市。上海地处太平洋西岸，陆域面积共6833平方千米。每年长江上游冲下来的泥沙在长江口汇合堆积，使得上海成为了长江三角洲的冲积平原，所以上海的陆地面积实际上每年都在陆陆续续地增长。上一轮的城市总体规划（2001年）时，上海的面积是6340平方千米，到了2017年上海的面积已经增长了500平方千米左右，增速还是相当显著的，同时未来还会不断有小幅度的增长。和北京、天津、重庆相比，上海在面积上还是4个直辖市中最小的。因为重庆拥有大量的农村地区，从整个全市的总人口来衡量，重庆的人口更多，但是上海是直辖市中城市人口规模最大的，总人口约2481万。上海市作为全国最大的经济中心城市，GDP总规模在全国位列第一，约为3万亿左右。以上是上海的简要概况。

今天我要介绍的内容分为三个部分：第一部分是上海简要的发展历程；第二部分是这一轮总体规划编制中的一些理念和方法；第三部分是规划中的重要内容，这些重要内容可以分为五个方面：目标、模式、空间、策略、体系。

一、上海的发展历程

上海是长江口冲积而形成的一个平原，所以上海是从海边的一个渔村逐步发展起来的沿海集镇。上海拥有700年正式的建城史，起点是从元至元二十九年（1291年）开始。上海县的设立可以作为上海城市建设起点的标志。上海建城前几百年，城市发展较为缓慢，基本上是围绕今天豫园老城乡这一块区域进行建设。上海原来就是一个很小的县，准确来说是在鸦片战争后，即1843年上海开埠之后，城市建设才进入了一个非常快速的发展阶段。开埠以后，上海老城乡的周边一开始是英租界，后来是美租界；在英美租界合并之后，老城乡北边的区域就是公共租界。南边的区域后来成为了法租界。英国、法国、美国等在租界里进行一些建设，包括马路、电灯、公共汽车等等，都是那个时期陆陆续续建设和使用的，但建设的速度很快。

到20世纪30年代，大概在不到100年时间，上海已经成为了远东最大的城市和工业、金融、商贸中心。上海的城市建设在这段时间得到了飞速发展。原来上海的行政是归江苏来管辖的。民国政府成立以后，根据上海在国际上的地位和在世界上经济、金融的地位和作用，在1927年专门把上海单独辟出来，成立了上海特别市政府，成为一级独立的行政区划。

在特别市政府成立之后，1929年就编制了大上海计划。该计划是上海历史上第一次编制的总体规划，但是这个总体规划的主要目的是为了市政府成立之后要确保新的市中心以及建设市政府大楼等等一系列建筑。当时的市中心就是今天人民广场这块区域，其实在当时都是租界，是由英国、法国来规划建设的。正因为此，民国政府还没有办法对这块区域进行大规模的建设，所以就选了东北方向现在的江湾五角场这一块区域，这里比较平坦，也没有太多的居民，所以就把这块区域选为当时市政府和城市的中心。因此五角场目前的道路格局、周边的道路都是以"民""国"这些字来命名的。这块区域通过大上海计划进行规划和建设，建成了市政府的大楼、图书馆、体育馆。今天的杨浦图书馆就是当时的图书馆，体育大学的办公楼就是当时的市政府，还有江湾体育场就是当时的体育场。这些区域在当时还建设了一些大楼，后来由于抗战，大量的住宅和办公楼的建设就停滞下来了。淞沪抗战后，上海沦陷，城市的整个大规模开发建设也就陷入了停滞状态。

抗战胜利以后，即1946年，民国政府组织重新编制了新版的《大上海都市计划》，这个都市计划就是重新对整个上海进行整体规划，特别是把上海的规划范围向江苏、浙江等区域扩大。现在看来非常有前瞻性的一点是，当时预测，50年以后上海的人口会达到1500万左右，事实上，50年后，大概就是1996年，上海的城市人口确实达到了1000多万的规模。

新中国成立之后，上海城市规划局又编制了好几轮的总体规划。1953年，我们邀请了苏联专家穆欣来编制《上海市总图规划示意图》，这一版总体规划主要的特点就是把所有的租界全部都收回了，收回的这块区域是我们现在的人民广场。这块区域原来是英国租界的跑马场，经过改造成为现在的人民广场。跑马场的一个办公楼就是现在的上海历史博物馆，之前用作上海美术馆，现在重新改造为上海历史博物馆，并且对外开放了。新的市政府大楼、博物馆以及剧院，包括城市规划展览馆，都在这个区域内进行建设。苏联专家规划的特点就是特别强调城市规划和建筑中的建筑意识布局。所以自外滩沿人民广场形成东西向城市建筑中轴线。这个中轴线上也建立了中苏友好大厦，即今天的上海展览中心，是那个时期留下来的建筑。到了 1958 年，上海又一次进行了行政区划的调整，其中包括将江苏的 10 个县划给上海，形成了今天上海 6000 多平方千米的行政区划范围。

1959 年又编制了一轮上海总体规划，这一轮总体规划的思路又有了一些转变。在新中国成立以前，上海其实是远东的经济金融中心。但是，新中国成立以后，上海的城市功能定位发生了较大转变。上海作为中国工业化进程中的一个基地，是全国的重工业基地和重工业的中心城市，所以这个规划就建设了大量的工业区还有一些工业新村，比如说曹杨新村。曹杨新村中比较典型的是约 30 层楼高的建筑。曹杨新村如今已经作为那个时期比较有代表性的建筑群体被保护起来。到了 80 年代以后，围绕"改革开放，振兴上海"这一主题，1986 年编制了新的总体规划。这个时候上海的定位又从原来的中心城市再次转变为经济中心。同时，上海的城市建设也要适应改革开放的要求。所以这版总体规划就是要建立最大的经济贸易中心和社会主义现代化城市。这次总体规划也对全市从中心城到郊区的小城镇进行了一个总体的规划布局。2001 年，这一版的总体规划主要是适应浦东的开发开放。小平同志南方讲话之后，浦东的开发开放其实早在 1991 年就开始组织编制。这一轮编制的时间非常长，从 1991 年一直编了 8 年，一直到 1999 年才完成。这份规划面向 21 世纪的头 20 年，其期限是到 2020 年。这一版总体规划可以作为对今天各项城市规划建设的重要指导。2001 年总体规划明确了上海建设国际经济、金融、贸易、航运四个中心和现代化国际大都市的战略目标，成为指导新世纪上海城市建设的纲领性文件。根据这一总体规划，我们相关的一些城市发展的建设取得了比较好的成就。下面我们从这几个方面看上海发展的情况。

首先是经济建设这一方面，2017年上海生产总值达到了3万亿元，人均生产总值超过12万元（约2万美元）。上海人均GDP与发达国家相比较为接近。其中在产业结构方面，第三产业主要是服务业占到全市生产总值的69%。上海已经从原来的工业中心转变为以服务业为主的经济结构。上海城市的各项建设成效明显，比如说黄浦江两岸45千米岸线的公共空间已在近期实现全部贯通。黄浦江是上海的母亲河，原来以航运为主，为上海城市发展提供水上运输的服务。所以原来沿黄浦江两岸都是大量的码头，包括外滩。当时外滩之所以能够发展起来，主要因为那里聚集着码头、港口，是一个进出的主要通道。随着城市陆路交通、机场、港口等大的高速公路的建设完成，水上运输的现实作用在不断下降。沿岸两侧的一些工厂已经不再适应上海的发展，比如原来的江南造船厂，就是现在世博会的这块区域，所以整个黄浦江两岸，现在已经转变为城市市民公共活动、休闲娱乐、散步跑步的空间。2017年底，45千米的岸线已经全部贯通并开放给市民，仅剩少量地段用以水上安全、监察、水下公安以及轮渡码头等。码头通过岸线的特殊设计，通过建设很多步行道、桥梁等来实现公共贯通，从而实现不再影响沿岸隧道贯通的目的。

按照总体规划，上海目前有以下几个重要的标志性建筑或者是地区：第一个就是世博园区。世博会地区通过利用原来的江南造船厂这块区域来进行建设。为了适应当时全年7000万游客参观的要求，上海修建了非常多的轨道交通线，推动了上海的城市建设。第二个就是迪士尼，迪士尼乐园在2001年的总体规划中已经有所覆盖。在浦东的川沙地区预留了一些区域空间，也为后来的迪士尼开园建设提供了相应的土地空间。第三个就是虹桥商务区，虹桥机场和虹桥火车站形成了虹桥枢纽，在其旁边又建设了中国博览中心，围绕展览中心和虹桥枢纽开发建设了虹桥商务区，成为了全球企业设立总部的重要园区。

接下来就是黄浦江两岸一些重要的建设，比如说前滩地区，是比世博会园区更往南的一块地区，未来将建设类似于陆家嘴一样的总部商务办公楼比较集中的区域，所以，未来整个黄浦江两岸会有更多的新的城市建设。

不仅如此，城市的基础设施建设这几年也有非常大的进展，重要的铁路线路，京沪、沪杭高铁，包括沪昆的高铁建设都已经实现了通车。上海市内轨道交通总里程的运营是666千米，已经超过纽约、伦敦等全球其他城市。这一方面也是上海城市建设中值得骄傲的部分。1993年，地铁1号线才刚刚通车，仅仅过了24年，上海轨道交通建设的里程就已经超过了纽约、伦敦等大型城市，而这些城市都已经有100多年的地铁建设历程。所以上海的建设速度是非常惊人的。

上海港的集装箱吞吐量是3000万，已经连续8年位居世界第一。世界前第一大集装箱港口是新加坡。随着后来的上海港建设，即洋山深水港建成以后，上海就超越新加坡并一直稳居世界第一。拥有虹桥机场和浦东机场使上海成为中国唯一同时拥有两个国际机场的城市，两个国际机场客运的吞吐量突破1亿人次，在全球其他城市中排名靠前。同时，上海在长江口也建设了一个邮轮母港。邮轮母港建设的时间很短，但同样发展迅速。邮轮的客运量已经使其在短短几年里成为亚洲最大的邮轮母港，所以上海各项发展建设的速度是非常快的。

城市民生的一些工程实际上也在逐渐稳步推进，上海的文化、教育、体育、卫生等设施建设都是比较完善的。在空气质量方面，上海在全国做得较好，2017年PM2.5平均浓度在39

微克/立方左右；但是和其他国际城市相比仍有差距，纽约、伦敦、东京等全球城市的PM2.5年平均浓度基本上维持在8、9微克/立方。以上就是上海发展的简要概况。

在新的形势下，在良好的发展基础上，上海新的城市规划需要满足新的变化和需要适应新的要求。最主要还是要约束上海的土地资源空间环境。未来上海的发展应该不再是一味增量扩张，比如说持续扩张人口规模和土地规模，而是要更加注重城市的可持续发展，特别是环境、文化、科技创新、城市生活质量的发展，从数量向质量发展的新模式。

二、理念和方法

中国已经进入了中国特色社会主义新时代，十九大也明确了未来我国建设的阶段性目标：2020年全面建成小康社会，2035年要基本实现社会主义现代化，以及到本世纪中叶把我国建成富强民主文明和谐美丽的社会现代化强国。上海的城市规划基于国家三步走的战略，也明确了2030年和2035年的规划目标。

上海的总体规划展望到2050年，希望在把国家建设成为社会主义现代化强国的要求下，形成上海的一些相应的发展特点。不少研究机构比如高盛指出，2040年左右中国将成为全球最大经济体；卡内基国际和平基金会也提出2030年中国将在经济规模方面超过美国。

总体规划指出2035年前后中国将会成为全球第一大经济体，而上海作为全球第一大经济体当中最大的经济中心城市以及首位城市，其未来发展需求应该基于全球的视野去考虑上海在全球的地位和作用。上海规划局通过考察全球其他城市包括纽约、伦敦等，发现它们都已经过了快速规模扩张的阶段，进入了新的发展时代。

新的发展时代的第一个特征是强调环境友好和生态文明建设；第二个特征是伴随着创新驱动引领的知识经济时代，更加强调知识创新对城市发展的推动；第三个则是更加强调进入协同发展的城市网络时代，即每一个城市都是大的全球网络城市的一个节点，城市建设不再是孤立存在和发展，而是更加注意全球合作。对于上海未来的发展方向，上海规划局参照十九大精神，针对上海未来的发展确立了5个新理念。第一个方面是更加突出创新发展，更加注重以人为本、内涵式的发展，注重以创新推动的内涵；第二个是更加突出协调发展，更加注重长江三角洲以及城乡一体化的建设；第三个是更加突出绿色发展，注重低碳、生态、韧性；第四个是更加注重开放发展，主要是面向国家、面向全国；第五个是更加突出共享发展，全社会全体市民要共同参与城市的发展建设和治理。

上海市在总体规划的编制过程中也广泛听取了方方面面的意见，广大的市民、专家，包括人大、政协，江浙两省规划部门、高校、科研院所等等，都前来参与规划建设和规划编制。编制规划期间，上海规划局利用微信、微博等传播平台，在全社会做了公示，也获得了各方面的高度关注。微信、微博的阅读量超过120万，留言长达几千条。通过组织研究人员对这些留言进行了汇总，发现总体上大家对此的反响都是很热烈的，大家对上海未来的发展也抱有很大的期待。上海新一轮规划编制从2014年5月6日正式启动，一直到2017年12月15日国务院正式批准，整个过程约为三年半。

三、规划的重要内容

第三部分我将介绍规划的重点内容。第一个是城市发展目标，上海的发展目标就是建设全球城市，这一点大家是没有异议的。根据 GAWC 的排名，2000 年上海就已经成为了全球城市。全球城市共分为四个层级，最高的一个层级为 A＋＋，目前该层级包含纽约和伦敦两个城市，上海已经是属于第二层级。对于未来，上海新的发展目标就是确立了上海要建设卓越的全球城市。在全球城市前面加上卓越两个字，实际上就是希望上海未来可以进入到榜单上的第一栏，即 A＋＋这个层次，和纽约、伦敦共同成为对全球有重大影响的经济中心和城市。这些城市对全球具有一定程度的经济影响力，目前正在逐步发展创新影响力，通过科技创新影响全球。同时，城市的文化影响力也将成为未来影响全球的主要方面之一。所以，在研究上海的定位和规划时，也将更注重文化和内涵的发展。

上海的整体规划可以用这样一句话概括：上海是我国的直辖市之一，是长江三角洲世界级城市群的核心城市，也是国际经济、金融、贸易、航运、科技创新中心和文化大都市（其中科技创新中心和文化大都市是新增加进去的内容），未来更加注重创新影响力和文化影响力以及国家历史文化名城。总体目标就是建设成为卓越的全球城市、具有世界影响力的社会主义现代化国际大都市。"卓越的全球城市"是各方专家都形成共识的一个提法，该提法主要是呼应中国成为社会主义现代化强国的地位，上海也要有相应的作为，所以上海就必须制定成为具有世界影响力的社会主义现代化国际大都市的发展目标。但是，这样的目标字数相对来说比较长，市民理解起来也不是太容易，我们参考了市民关心环境、安全、宜居等等这些和自己日常生活息息相关的角度，给发展目标增加了一句话："令人向往的创新之城、人文之城、生态之城"，这句话在社会上得到广泛认可，也比较符合现代传媒传播的特点，朗朗上口，容易记住。

对照十九大的发展目标，我们也提了三个分阶段发展目标：就是在2020年形成具有全球影响力的科技创新中心基本框架，基本建成国际经济、金融、贸易、航运中心和社会主义现代化国际大都市。2030年和2050年在这方面的提法差不多，2030年是基本建成，2050年是全面建成卓越的全球城市，令人向往的创新之城、人文之城、生态之城，具有世界影响力的社会现代化国际大都市。对于各项指标，2035年一些重要的发展指标能达到国际上的领先水平；2050年各项发展指标要全面达到领先水平。从中我们可以看到上海发展的一个宏伟蓝图。

第二个方面是未来发展模式。首先，上海的土地、环境、资源、空间都是有限的，所以未来的发展不能再采用增量扩张的方式，而是需要先确定城市发展的底线，包括建设用地底线，因为建设用地的规模和密度已经非常大；其次，就是人口的总量，要适当控制人口总量；此外，就是生态环境。生态环境目前是上海非常大的一个短板。要通过控制广大郊区空间、郊野公园、生态廊道等改善生态环境。在这些底线约束的条件下，我们的土地是非常有限的，但是我们还是要建设多元的全球城市。所以现在需要解决的问题是：怎样在有限的空间资源上去实现上海城市建设的大目标。那必然是要在内涵上做文章。所以，要特别强调以创新驱动力为主动力，以城市有机更新为主模式，比起大量新建住宅，未来要对已有的城市居住小区来进行更新改造，以及对存量用地进行立体、复合、集约利用来满足城市未来发展的空间需求。

1. 人口规模

全社会对上海这一次总体规划的目标感到振奋人心，但是大家对人口问题还存在争议。有很多专家特别是经济学家认为，诸如上海这种类型的特大型城市不应该控制人口规模，应该是越多越好。因为人口多大城市土地产出的效率会更高，上海规划局在研究中也参考了这些经济学家的观点，但是考虑到一些现实因素，我们认为还是需要控制人口总量，主要有以下两个原因：一个是从全国来说要实现大中小城市的协调发展，不能让人口和资源过多地集中在大城市，所以提出来上海要控制人口的目标。当然人口的控制并不是采用行政的手段硬性地把人口迁出去，而是把城市里面的一些公共服务设施和配置进行产业结构上的调整。比如说上海郊区还有很多工厂是劳动密集型工业，这些工业随着传统工业的调整，工人就会跟着工厂转移到其他城市区。上海这几年人口都是稳定在2400万左右，但其中人口结构在未来会有比较大的变化，主要会增加两类人口：学历比较高的金融从业人员和文化从业人员。未来上海要建设国际金融中心以及国际化的大都市，金融从业人员和文化从业人员的比例会大幅度增长。另外一个是在生活服务业、餐饮、运输、保洁行业的就业人口仍然还会有持续性的增长。从规划上，上海规划局更多是考虑未来的人口结构变化以后，上海需要提供什么样的服务。比如说要为金融从业人员和文化性从业人员提供租赁性住房，所以上海也在控制商品房的供应，以加大租赁型住房的建设，从而为初次来上海就业的人口提供居住空间。人口结构中另一个比较大的特点就是上海户籍人口约为1400万，我们预测未来户籍人口的总量基本上是稳定的，但60岁以上的人口会占到40%以上，上海面临着老龄化的趋势。所以整个城市的道路、小区的无障碍设施，老年人活动中心、照料中心和就餐服务等等,都需要把老年人作为重要的考虑对象进行规划设计。

2. 建设用地

上海的建设用地使用现在已经超过 3100 万平方千米,上海总的陆域范围是 6833 平方千米,建设用地的比例达到 45% 左右,占比非常高,比纽约、伦敦要高很多,甚至高于香港、东京、新加坡这些传统以高密度著称的城市。香港虽然市中心很密集,但考虑到城市内有很多公园和山地并不适合建设,所以整个香港建设用地只占 24%,但是上海建设用地已经占到 45%。同时,这也为上海带来很多交通、环境、基础设施建设等方面的压力。未来上海还是要控制建筑用地,不能再蔓延式的扩张。上海城市规划本着底线约束,控制外围生态空间,不再对农民的居民地做大规模的开发。

上海的建设用地该如何适应未来城市发展的变化?首先要对建设用地的内部结构进行调整,未来的农村居民点要进一步减少,要让农民进城进镇。上海实际上工业用地的比例是偏高的,郊区工厂还是太多。我们未来就是要把这些工厂转换为城市居住用地、公共设施用地、道路设施用地等等,来满足未来的发展要求。有人提出上海建设用地负增长是否带来了上海居住用地的减少,其实这种说法是不对的。尽管转换成建筑用地,但是城镇的居住用地还是稳步增加,从原来的 21% 增加到了 26%。上海每年居住用地的供应 6—8 平方千米,到了 2035 年,我们依旧能保持 6—8 平方千米的居民用地供应,实际上居民用地不会出现短缺的情况。房价上涨更多的是经济和金融的因素,不能简单地说上海没有土地了,就没有新增住宅的供应了,这一点是需要注意的。考虑到未来上海可能举办奥运会、世界杯这样的大型国际运动会,所以在有重大的项目或者设施到来的时候，必须要留有一定的空间。这些战略空间留白主要是结合市域功能布局调整，明确引导规划，总规模约为200平方公里。先做环境整治和土壤改良，比如说有些化工区，化工企业已经明确要搬迁了，化工企业对土壤可能有一些污染。而这个阶段，首先就是要做土壤的改良，这种改良也需要很多年的周期。等到以后有需要用的时候，我们再把它拿出来做城市的开发建设。

3. 城市的空间格局

上海规划局也是从几个不同的尺度对上海的未来空间格局做一些研究分析。上海要建设全球卓越城市，但市域的空间又是有限的，所以上海希望面向整个长三角地区，通过整个长三角地区的协同发展共同形成上海的全球城市功能。第一个层面我们是考虑整个长三角的区域合作。第二个层面是在上海形成城镇圈，比较小的镇可能公共设施和服务不是很齐全，但如果把所有设施带过去的话，就会形成资源的浪费。为了这些小镇人口的公共服务，我们会将一个大镇作为中心，把几个镇连起来形成城镇圈。城镇圈用一些交通设施来联系，满足生活服务的均等化。

另一方面是长三角的协同，比如水源这一方面。我们可以看到上海的水源都位于江苏、浙江两省的下游，一个是在长江的下游，另一个是在太湖流域的下游，希望江苏、浙江两省做好长江沿线的保护，防止源头污染以保障上海饮用水的安全。此外就是和这些城市加强交通的联系，我们现在主要是在沪宁和沪杭已经有两条交通廊道。通过在浦东往长江的沿线建设沪通铁路，往杭州湾沿线建设沪嘉杭铁路，把上海纳入整个铁路网络，从而解决上海仅仅是进端城市的问题。现在高速铁路贯通以后，浦东这边的车站可以成为过路车站，未来可以从江苏到浙江去，把浦东作为中间站，从而对未来上海的运输方向起到多元化的作用。

上海城市格局叫做：主城区—新城—新市镇—乡村。主城区的区域现在是不变的，也跟外围的的区域联系在了一起，不断扩展出去。北面是宝山，包括顾村、杨行；西面就是虹桥，就是现在虹桥机场和虹桥铁路周边区域；东面是迪士尼区域，但是还预留了一些发展空间。郊区规定的5个新城分别是：嘉定、松江、青浦、奉贤、南汇。这一次规划对新城的概念有所扩展，不光立足于本区，还是希望辐射到整个长三角区域当中，具有综合性，变成具有带动力的节点城市，即未来每一个新城都要有和长三角直接连接的交通枢纽。现在已经有了松江南站，嘉定是安亭站，目前已有不少班次。青浦、奉贤和南汇未来也会设置新的火车站和交通枢纽。新城的服务功能会进一步增加城市副中心的设置，并按照大城市的配置对新城进行规划。规划要求每一个新城都要有大学，都要有博物馆、文化体育中心、高等级医院等的设施。这5个新城上海规划局希望在各自不同的轴线上形成自身的作用。接下来将主要从创新、人文、生态三个角度来论述如何使上海迈向卓越的全球城市。

1. 建设更有活力的繁荣创新之城

（1）提升全球城市的核心功能

充分激发全社会的创新创业活力和动力，向具有全球影响力的科技创新中心进军，研发经费支出占GDP比例达到5.5%左右。重点建设上海张江综合性国家科学中心，建设紫竹、漕河泾、杨浦、市北、嘉定、临港等创新功能集聚区，促进创新功能与城市功能的复合型科技商务社区。

提高国际金融功能影响力，提升国际贸易中心辐射能级、商务服务品质和集聚度，提升全球经济辐射力。塑造国际文化大都市品牌，推进高品质人文服务设施建设，扩大国际文化影响力；建设世界著名旅游目的地城市，至2035年实现年入境境外游客1400万人次左右。

促进产业向高端化、服务化、集聚化、融合化、低碳化发展。全市规划工业用地总规模控制在规划建设用地规模的10%—15%，将先进制造业基地予以长期锁定，形成代表国内制造业最高水平的产业基地。产业基地内用于先进制造业发展的工业用地面积不少于150平方千米。

（2）建设更开放的国际枢纽门户

形成国际（含国家）—区域枢纽—城市枢纽的枢纽体系，进一步巩固提升上海亚太地区门户枢纽的地位。形成"一张网、多模式、全覆盖、高集约"的轨道交通网络，由城际线、市区线、局域线三层次组成，规划各层次轨道交通总里程3000千米以上。

（3）优化高等教育设施功能布局

以一流大学和一流学科提升城市文化原创能力，将复旦大学、上海交通大学等建设成为世界一流大学；依托高校和科研机构集聚优势，形成一批世界一流学科；鼓励金融商务、文化艺术、科技创新等类型的高校或开放型大学与新城、城市副中心联动发展，每个新城、城市副中心至少有一所大学。

（4）推进市级体育健康设施布局

预留高等级专项体育场馆和训练基地，满足举办国际大型赛事的需要，至2035年，全市拥有专业足球场数5—10个。打造高品质国际化的健康休闲、医疗服务和医学科创中心。加强医疗设施对新城发展的支持，每个新城至少有一处三甲综合医院、一处三级专科医院。

2. 建设更富魅力的人文之城

（1）完善住房供应体系

坚持房子是用来住的，不是用来炒的定位，加快建立多主体供给、多渠道保障、租购并举的住房制度。坚持以居住为主、以市民消费为主、以普通商品住房为主，促进房地产市场长期健康稳定发展，新增住房中租赁性住房不少于20%。

（2）打造15分钟社区生活圈

打造宜居、宜学、宜游、宜业的社区。完善公平共享、弹性包容的基本公共服务体系。400平方米以上的公园和广场5分钟步行基本全覆盖。

（3）保护城市文化战略资源

弘扬"海纳百川、追求卓越、开明睿智、大气谦和"的城市精神，保护国家历史名城。划定历史文化保护线、自然文化景观保护线和公共文化服务保护线。实施严格而积极的文化风貌保护和利用政策。

（4）激发城市文化活力

完善高品质文化休闲设施功能布局，建设更多如世博文化公园、大歌剧院、上海博物馆、徐家汇体育公园、上海图书馆等场所。每10万人配置的文化场馆要求有：博物馆多于等于1.5个、图书馆多于等于4个、演出场馆多于等于2.5个、美术馆画廊多于等于6个。

（5）彰显城市风貌特色

加强城市总体设计，形成"拥江面海、枕湖依岛、河网交织、水田共生"的自然山水格局。加强国际化大都市的城市门户和标志景观设计，塑造滨水见绿、开敞有序的城市空间轴线和景观廊道，形成小尺度、人性化的城市空间肌理。

（6）构建高品质公共空间网络

建设高效可达、网络化、多样化的公共空间，开发附属公共开发空间；推动"通江达海"的蓝网绿道建设；塑造安全、绿色、活力、智慧的街道空间；提升公共空间文化艺术内涵，塑造高品质且特色鲜明的空间环境。

3. 建设更可持续的韧性生态之城

（1）主动应对全球气候变化

全市碳排放总量与人均碳排放于2025年达到峰值，至2035年碳排放总量较峰值减少5%左右；应对海平面上升，加强"海绵城市"建设，市域河湖水面率提高至10.5%左右；增强地面沉降监测和防治能力，缓解极端气候影响和热岛效应。

（2）全面提升生态品质

构建"双环、九廊、十区"的生态空间体系，建设崇明世界级生态岛。全市森林覆盖率达到23%左右，人均公共绿地面积达到13平方米以上；划定生态空间，按四类实施分类管理，第一类和第二类作为本市生态保护红线范围予以严格控制。

（3）显著改善环境质量

推进海洋自然保护区建设，控制港口对于海岸线和土地资源的占用，近海水环境质量按照II—III类控制；推动区域大气环境联防联治，改善城市大气环境，PM2.5浓度控制在25微克每立方米左右；聚焦水环境改善，保护和恢复河道水网，提高水系连通性，实现水环境功能区全面达标；加强土壤污染监测、修复和控制，实现受污染耕地安全利用率达到100%，污染地段安全利用率达到100%；循环利用固体废弃物，实现原生垃圾零填埋。

（4）完善城市安全保障

确保城市能源、水资源供给安全；完善区域、市域供水格局，增加上海北部外来电源接受通道，推进分布式能源建设。构建城市防灾减灾体系；优化城市防灾减灾空间，完善防灾减灾标准，建立应急预警管理机制；保障城市安全运行；确保城市生命线安全运行，加强信息安全建设，强化危险化学品管控。

最后将主要从空间规划体系和时间维度两个角度来论述如何使上海迈向卓越的全球城市。

从空间规划体系的角度看，要形成"总体规划—单元规划—详细规划"层次。总体规划层次主要包括上海市总体规划和土地利用总体规划、浦东新区和郊区各区总体规划暨各个专项规划。单元规划层次主要包括主城区单元规划、特定政策区单元规划和浦东新区和郊区新市镇单元规划。详细规划层次主要包括控制性详细规划、专项规划以及村庄规划。

从时间维度的角度看，要做到面向实施，注重行动规划。其具体内容主要分为两个支线：第一条是从国民经济和社会发展中长期规划到国民经济和社会发展五年规划再到年度财政预算、年度重点工作以及年度重大工程；第二条是从城市总体规划和土地利用总体规划到近期建设和土地利用规划再到年度实施计划。

改革开放以来上海城市管理经验

彭燕玲

感谢郭院长给我这个机会,向大家介绍上海城市管理方面的一些理念、制度和实践,如果有不到位的地方请大家多多包涵。接下来,我会从三方面来进行阐述。

一、上海城市管理发展

第一是上海城市管理的发展,包括延续的制度和实践。上海是国家经济中心,是一个超大城市。上海的城市底蕴和其他城市不一样,大家来到上海后会深刻感受到。比如我从虹桥机场一直到市区,可以深刻感受到上海的城市魅力与时代跳动的脉搏。上海是一座海纳百川、追求卓越、开明睿智、大气谦和的城市。刚才有同学问上海很排外吗?错了,上海是海纳百川的,比如在上海市政府工作的同志有60%左右来自全国各地,而本地人进入政府部门的比例远远低于外地,由此可以证明上海的开明。

上海是中国共产党的诞生地,拥有众多历史古迹和深厚的历史文化底蕴,上海不大,面积为6340平方千米,常住人口不超过2400万,流动人口800万—1000万,我是生在上海,长在上海，工作在上海，真正见证了上海的发展。改革开放40年，整个上海实现了无比伦比的历史性跨越，勇当改革开放排头兵和创新发展先行者。发挥了上海城市管理的积极作用，成绩显著：高楼大厦取代了平房，我很怀念小时候在弄堂的感觉，现在找不到了，上海从自行车王国进入汽车社会，百姓吃穿住行和城市面貌都发生了翻天覆地的变化。

上海的城市管理可以分成三个阶段：

第一阶段：改革开放后的20多年时间里，建管并举，以建为主，就是说以城市基础设施为主。投资了3100亿的资金，把整个上海的基础建设框架打好。

第二阶段：上海世博会举办前后近10年内，管建并举，重在管理，注重制度管理创新。这一阶段政府既建又管，所以上海大量建公共绿地，绿地和公园的人均面积提高到7平方米，生态覆盖率从原本个位数提到15%，这些都是突破性的，还有这阶段侧重城市街道管理。

第三阶段：从"十三五"规划阶段开始，进入精细化管理。上海更加注重城市面貌的改善，坚持管理创新，推进社会治理，进行城市精细化管理，注重城市面貌的改善。政府花了大量时间和资金整治户外广告、占用公共空间的物品摆放行为，所以无论从高架还是内环看，高架两边建筑上各种广告牌已经很少了，过去都是广告牌，现在都是建筑物的轮廓，非常美观。这是三个时段的发展，上海做了很多制度建设和创举，促进了城市面貌提升和改变。

二、上海城市管理理念面临短板

但是上海的城市管理依然面临短板问题。

第一,生态环境质量与市民期盼还有很大差距,百姓要求很高,但是上海的轨道交通沿线、菜场、中小马路等都存在不尽如人意的地方,所以老百姓还是有很大意见,希望这些环境的质量也能更优化。

第二,城市安全运行的压力日益加大。每天通过地铁出行人数1000万左右,出行安全压力是很大的。有次我在1号线看到有非常非常多的人,由此感受到轨道交通的重要性。还有上海房屋消防安全的潜在问题,前两天静安区有高楼发生火灾,虽然人员伤亡不大,但可以看到城市安全压力很大。

第三,城乡发展的差距依然比较明显。城市建设从中心城区往外发展,一些优质资源比如教育、医疗、公共配套差异较大,不尽如人意,比如松江区虽然环境好,但是就医和上学不便,这就是城乡发展差距依然不平等。

第四,城市管理发展的软件环境依然有待改善。城市只靠政府管是管不好的,整个城市要靠市民的文明素质提升。如果要全靠政府,成本代价就太大了,比如现在城管要管理的事情很多,比如违章搭建、破坏城市建筑结构等,每年处罚的案件14万个,罚款额在5000万—6000万,管理成本很高。市民热线投诉举报事件20万件以上。这么多违法现象发生。上海行人闯红灯现象很多,非机动车不顾红灯乱穿行,这些人对生命不敬畏,体现了守法意识淡薄,包括搭建违章建筑。最典型的案子是,300多平方米的房子违建成了3000多平方米,这些富人都置法律于不顾,可想而知更多市民的素质和意识、文明守法意识的养成都有待改进。还有宠物粪便的管理难题,人大政协代表都曾提到要加大执法力度,但是执法要求事实清楚才能进入处罚程序,而宠物粪便很难当场抓到其主人,所以如何执法呢?如果全靠政府执法来管理,成本实在太高了。虽然上海发展快，经济水平和生活条件好，但是城市公民素质仍有待提高。当然，上海作为特大城市，刚才提到的问题同样是世界其他特大城市共同面临的问题：发展不平衡、人民素质有待提高、城市安全问题有待改善。

三、管理理念

面对这些问题，2017年习近平总书记说过，像上海这样的特大城市，城市管理要像绣花一样精细，上海要走出一条符合超大城市特点和规律的社会治理新路子。面对习近平总书记的要求，上海目前的思路就是精细化管理，实行全覆盖、全过程、全天候地管理，解决超大城市精细化管理的世界级难题，全覆盖，不分内外环，不分城乡，进行365天24小时不留死角不留空隙地管理，以法治化、社会化、智能化、标准化水平来对上海进行管理。原来的管理思想是源头管理、系统治理、依法治理，如今要在习近平总书记精神指导下，坚持以人民为中心，以创新、协调、绿色、开放、共享的理念，对标全球顶级城市来实施对上海的管理。

上海未来5年的主要目标，是以精细化管理为着手点，通过加强精细化管理，创新体制和机制，加快补齐短板，打造安全有序法制、高效便捷智慧、天蓝地绿水清的城市环境。其实这压力很大，但必须按照目标时间节点来完成。

1. 主要原则

目前上海管理的四大主要原则和理念是以几点：

（1）对标顶级，创造一流。就是要面向全球、面向未来，在更高方面补齐短板，以更大的视角来学习国外的最先进的经验制度，补齐短板，强化城市管理各方面水平，为老百姓创造更美好的环境，对标的是东京、纽约、伦敦、巴黎四个城市，面向未来创造一流。

（2）坚持需求导向、问题导向，充分关注老百姓所需所想，坚持人民利益为上，将人民对于美好生活的向往作为我们工作的出发点，贯彻实施好人民需要的衣食住行、幼有所教、住有所居、劳有所得、老有所养，就是好的生活品质。

（3）依法管理，综合治理，运用法治思维治理城市，体现科学性、系统性、前瞻性，为老百姓创造美好生活。

（4）坚持深化改革，协调创新，破除一切影响和制约城市管理水平发挥的体制、机制，强化政府部门之间的协作，强化政策之间的协调，通过创新引领、协调，让上海城市化管理发挥更大的作用，促进上海全球卓越城市的打造和现代化国际化大都市的建设。

2. 制度与实践

这两年的制度和实践主要围绕这六大方面，体现了这两年上海的管理思路。

（1）建立城管综合执法制度，推进综合执法

第一个是综合执法，为什么呢？主要是走到今天，城市管理需要专业化，下一步需要提升综合施策，精准精细综合管理，解决管理对象所需的资源协同配合、各部门效率提升的问题，解决管理资源分散与整体协同间的矛盾。两会期间通过了国务院机构改革，是改革开放以来规模最大、涉及范围最广、利益调整最深刻的一次，正部级机构减少了7个，为什么？就是现有的不能适应经济社会发展的机构，需要进一步完善和调整，构建资源整合、边界清楚、职能明确、高效便捷的管理体制。我们政府工作人员都习惯了政府部门的改革，基本五年一小改，十年一大改，我1995年进入政府，经历了三次改革。部门越精

简越少，2000年原本是市容、绿化、环卫、林业、城管几个部门，2000年变成绿化市容部门，2015年为了更好地发挥城市管理效率，上海将城管执法单列，市容绿化和城管分而设置了，就是为了破除体制障碍，让管理发挥更大效益。城管就是这样应运而生，初衷就是因为"七八顶大盖帽管不了街上破草帽"，过去对街上流动设摊的谁都有管理权，但谁都不管，所以就将管理权执法权结合起来统一管理。

大家对城管执法都有所了解，最有意思的就是钓鱼岛局势紧张，有网民说派城管去打，因为战斗力强。这种说法一方面是说城管力量强，另一方面调侃城管不太会按照法律规范来做事，体现了大家对城管的误解。上海城管并不是粗放不规范的，其法律地位由专门法律规范来赋予，2009年政府确立了城管的法律地位：《上海市城市管理行政执法条例》明确队伍地位和权力边界，政府提供的保障维护执法权威："公务员身份，执法有保障"，城管待遇高于同年龄同级别的其他综合类公务员。另一方面，上海城管队伍很优秀，人员的学历都在本科及以上，通过了公务员考试的笔试面试，体能、高度、灵活度都很严格，录取的最高比例是女生102∶1，男生90∶1，上海城管很受欢迎，包括海归、研究生和大学生选美冠亚军纷纷应聘。外地城管很多不具有公务员身份，但上海城管是非常规范的，保证队伍素质，严把入门关，强化教育培训，严格日常行为监督管理。欢迎大家报考城管，为老百姓解决问题，为城市管理发挥很大作用。

（2）落实环境保护制度，提高环境品质

城市环境是城市的形象和象征，好的环境有利于提升城市舒适度和竞争力。现有法律对于公共空间有明确规定，除了有特殊用途，不允许任何人占用。这么多年有些单位的习惯不好，任意设广告牌，为了消除这一现象，加大对公共空间的维护力度，政府相关部门加强执法力度，拆除违法建筑，让空间更安全更有序更整洁。并改善人居环境，遵循百年大计，建了45千米的黄浦江两岸公共空间，向社会公众开放。将原本的生产型空间向生活娱乐型公共空间进行转变，向市民开放，这很不容易。有些是单位空间或军用空间，政府买下来向社会开放，该搬的搬，该迁的迁，腾出许多公共空间给市民改造绿化，让百姓享受区域环境的整洁美好，绿化道路交通。

上海交通很堵，2016年实行交通大整治，打击乱停车，提高开车人的守法意识，保障交通顺畅。另外还通过人防技防优化城市道路。共享单车是好东西，解决了交通最后1000米的问题，相信大家都骑共享单车，其实政府投入了大量精力管理，面临问题是投放无序，占用公共空间，损毁率很高，有安全隐患，还有押金制度隐患等一系列问题。上海2017年集中讨论，要实行依法管理、总量控制。街道承载不了这么多共享单车，铺天盖地投放会影响行人走路和交通，要明确投放者的主体责任，有专门管理团队，投放在政府划线范围内。共享单车的潮汐现象非常明显：早上通勤，晚上又回到小区，所以要及时调整投放。政府要加强宣传教育进行引导，要加强监督，严格管理。希望通过共享单车立法来保障落实环境的有序。

（3）建立垃圾分类制度，促进资源利用

习近平总书记说过"绿水青山就是金山银山"，这句话太好了，这就是我们留给子孙后代的东西。上海的生活垃圾每天2万多吨，处理能力也是2万多吨，不完全匹配，压力还是很大的，垃圾无害化处理需要投入大量成本，我们都听过一句话：垃圾是放错地方的资源。从源头开始综合利用，对环境治理会有很大帮助。所以习近平上总书记要求北京、上海等城市"向国际水平看齐，率先建立生活垃圾强制分类制度，为全国作出表率"。2017年3月国务院出台《生活垃圾分类方案》，对全国46个重点城市的垃圾分类工作提出了明确目标。2014年上海政府出台规章明确推进生活垃圾分类工作，按照厨余、有毒、可回收、一般垃圾等分为四类，建立源头减量、分类，分类收运、处置的体系，有效处理生活垃圾。垃圾分类综合利用，需要每个居民配合，才能实现绿水青山。

（4）建设"美丽家园"制度，改善居民生活

上海的贫富差距很大，有很多豪宅，但也有很多老旧小区。这些房屋基础设施老化缺失，没有电梯、公共卫生间，物业服务水平总体偏低，小区没有门禁，没有绿化，没有停车场，"五违"等安全隐患较为突出。所以，从2015年起，上海开展"美丽家园"建设，逐步实施老旧小区综合改造和综合治理，统一粉刷、建绿化、开辟健身广场等等，提升小区环境品质，深受老百姓欢迎。以静安区为列，2015—2017年期间，直管公房全项目修缮114.71万平方米；住宅小区综合整治998.38万平方米；屋面和设施改造522.84万平方米；二次供水改造741万平方米；危房处置26.8万平方米，三年总投资42.5亿元。

（5）建立社会协同制度，创新治理方式

城市只靠政府管是管不好的，城市是大家的，所以在城市建设和治理过程中，需要紧紧依靠社区群众。所以这么多年来，上海市政府就在主推社会协同制度，主要的制度有三个：

一是社区协商制度。是在社区这个层面建立协商的主体。以街镇乡镇政府为主，在社区基层依托居委会、村委会，把方方面面的代表引入起来建立一个协商的平台，去解决社区人民的实际问题，如停车难、邻里纠纷等，以维护社区和谐。

二是公众参与制度。上海市政府和人大在立法或草案的制

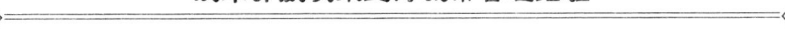

定中，会广泛征求大家的意见。最典型的是在上海轨道交通立法的过程中，就是否允许在车厢内吃东西进行了广泛的讨论。有人说应该禁止吃东西，违反应该处罚；有人说应该允许吃，还有人说不允许吃，但应以宣传教育为主。最后根据公众意见，采取了最后一种方式，制订了倡导性条款，鼓励大家遵循。这一过程就发挥了公民参与的重要作用。另一个就是放烟花炮竹的问题。近两年上海在春节期间基本上没有放炮竹的，因为上海在2015年出台了关于烟花爆竹的规定，明确规定外环线以内禁止燃放烟花爆竹，外环线以外的特殊区域如医院学校也禁止燃放烟花爆竹，被称为史上最严格的相关条例。在立法过程中争议非常大，燃放烟花爆竹是中国人传统的过春节习惯。最后这部法规在征求了广泛的意见后还是出台了，成为史上执行得最好的法规，很大程度上是因为公众的参与，大家共同执行这一法规，在过年期间有近30万公众参与了对烟花炮竹禁燃的管理。

三是社会信用体系。很多人对诚信这两个字没有太大的认知，导致违法现象屡屡发生。市场经济是信用经济，社会信用体系是市场经济体制中的重要制度安排。建设社会信用体系，是完善我国社会主义市场经济体制的客观需要，是整顿和规范市场经济秩序的治本之策。上海目前就在努力加快建设社会信用体系，对失信行为建立信息库，作为下一步经济、社会活动的基础，如个人贷款、考公务员就会受到影响。所以，整个信息平台的构建对整个社会诚信的建设起到非常重要的作用。

（6）确立"互联网＋"制度，构建智慧城市

现在是一个大数据、信息化的时代，上海智慧城市建设的主要指导思想，是实施信息化领先发展和融合带动战略，确立大数据作为城市创新发展要素的地位，实施互联网与经济社会

融合发展的"互联网+"战略，使智慧城市成为上海建设综合性全球城市的重要标志。主要的目标是到2020年，上海信息化整体水平继续保持国内领先地位，部分领域达到国际先进水平，以便捷化的智慧生活、高端化的智慧经济、精细化的智慧治理、协同化的智慧政务为重点，以新一代信息基础设施、信息资源开发利用、信息技术产业、网络安全保障为支撑的智慧城市体系框架进一步完善，初步建成以泛在化、融合化、智敏化为特征的智慧城市。

总的来说，上海的城市管理将以精细化管理为主线，面向全球、面向未来，坚定追求卓越的发展取向，助推上海加快建设成卓越的全球城市和具有世界影响力的社会主义现代化国际大都市，让天更蓝、地更绿、水更清！

非洲城市化进程中的人口、交通与基础设施建设

杨 民

我是带着一种非常激动的心情来到上海外国语大学的，刚才郭院长也说了，我实际上最早是上外附中的，所以上海外国语大学应该说是我母校的母校。当年在上外附中学习的时候，我们也经常来上海外国语大学，所以今天走进来感到很亲切。

自从我离开上外附中之后，就被外交部派出去留学，然后就在外交部工作，基本上有一半时间在国外，一半时间在国内。如今近42年的外交生涯结束了，我就想做点事儿，主要是给大家讲讲非洲。正好郭院长说有一个课要让我来讲，所以今天就按照大家需要讲讲非洲。但这次与我以前在外交场合上做的一些演讲不太一样。

这次讲课给我出的题目是非洲城市化进程中的人口、交通与基础设施建设，那么我首先讲一下非洲的城市化。

一、非洲的城市化

非洲的城市化进程可以分为三个时期，首先是殖民时代之前的非洲城市。在殖民时代之前，非洲最早的城市是在尼罗河

谷周围，也就是著名的城市亚历山大，位于今天的埃及。这个城市实际上早在公元前332年就已经是一个大都市了。另外在撒哈拉以南的非洲，比较早的一个著名的城市，是大概在公元前14世纪到公元4世纪有一个叫库氏王国的都城——麦罗埃，位于现在的苏丹。这个城市的特点就是在石器、铁器、建筑以及农业灌溉等方面在当时具有先进水平。另一个著名城市是在公元1世纪到公元10世纪的埃塞俄比亚帝国的都城——阿克苏姆，这个城市比较出名的是象牙、黄金、香料等贸易。再往后就是公元700年到公元1600年，在西部非洲大草原上产生了一些早期的城市，主要位于约鲁巴和贝宁帝国内。而在中部非洲的赤道地带，早期的发源地是在刚果布和刚果金以及安哥拉、赞比亚、卢旺达和布隆迪等地的一些城市。在东部非洲的沿海地区有摩加迪沙、马林迪、格迪、蒙巴萨、桑给巴尔、基鲁瓦，还有南部非洲的大津巴布韦。以上就是殖民时代之前非洲的一些城市。

　　第二阶段是欧洲殖民时代的非洲城市。欧洲对非洲的殖民时代应该始于19世纪后期，一直持续到20世纪60年代早期。现代的城市如阿比让、约翰内斯堡、内罗毕等都是在殖民时期开始建立的，而且是作为商务和行政中心发展起来了。殖民时期非洲城市最显著的特点就是把城市分为两类不同的区域：一类是城市水平比较高、基础设施比较好、专门为欧洲人服务的，也就是所谓的富人区；另一类是给本地人居住的平民区。这些平民区中的设施比较简单，不能满足居民主要的生活需求。由于殖民时期非洲主要出口矿物和经济作物，所以对港口、铁路、矿区这方面就比较重视，因而这些地方就吸引了大量的人工作和居住。

　　因为还需要配备行政部门和人员，所以当时行政中心一般都设在海港城镇。而新建的城市则主要集中在矿业区，比如南非的约翰内斯堡、赞比亚的恩多拉、基特韦，还有刚果金的卢本巴希都有这样的特点，这些城市要么就围绕着矿，要么就围绕着港口。所以城市都是在矿的边上、或者沿着海港建立起来的。正如我刚才说的，非洲本地人居住的地方的基础设施和卫生条件很差，那么殖民当局采取的做法是什么呢？就是把欧洲人、亚洲人和非洲人住的地方隔离开来，典型代表就是南非。

大家知道，南非这个国家也曾经长期被白人统治，因此在1948—1994年这么长的时间里实行的是种族隔离制度，这就导致了非洲人居住的地方远离商业、金融中心和白人居住区。这就造成了城市布局的不平衡，大多数黑人居住的地方水电供应不完善，还造成了城市公共交通也带有种族隔离的这种特点。到了后期，也就是从20世纪20年代开始，一些南部非洲国家的矿业变得更加发达，而且又允许工人可以带着家庭进入城市——这在以前是不允许的，这样就进一步提高了非洲城市化的发展水平。

第三个阶段是非洲各国独立以后的城市化。非洲国家是从20世纪五六十年代先后独立的，随着国家独立，人口快速增加，而快速增加的人口使城市人口也快速发展，城市化水平提高。独立以后非洲因为要发展工业，所以公共部门增加了，同时又创造了很多工作机会，加上一些医疗、教育等服务业以及贸易的发展，所以吸引了越来越多的农村人口涌入非洲的城市，从而使得非洲城市化的速度加快。到了20世纪70年代以后，有两个原因也造成了很多的农村人口流入到城市，一个是非洲很多国家发生内战或战争，还有一个是经济发展较差和管理不善，从而进一步推动城市化进程。因此就存在一个奇怪的现象，即城市里经济虽然不好，但是城市化的速度还是没有减慢。有许多国家又建立了新的，比如马拉维新建了利隆圭，科特迪瓦新建了一个首都——亚穆苏克罗，尼日利亚也新建了阿布贾。与同时发展起来的国家相比，只有南非加强了对农村人口向城市流动的控制，而其他国家都是农村人口向城市流动，所以城市化发展的速度就很快。以上是对非洲城市化进程的一个简单回顾。

二、非洲城市人口增长特点

第二部分我要讲一下非洲城市人口增长有什么特点。这里就稍微简单一点，主要是列举一些数字。从20世纪70年代开始的一个变化就是，非洲大陆总人口的增长超过了拉丁美洲，成为世界上人口增长最快的地区。这是一个什么概念呢？就是差不多相当于世界平均人口增长速度的2倍，而且这个速度保持了很长时间。可以说到现在为止，非洲还是世界上人口增长速度最快的一个洲。那么从那个时候到现在，人口年均增长率是多少呢？城市人口的年均增长率是4.87‰，这是不是一个概念呢？大家可以比较一下，就是在1950年的时候——可能有的国家独立了，有的国家还没独立——非洲城市的总人口是3200万，而到现在这个数字已经达到了4.72亿，占据全非洲人口的43%，也就是说非洲的城市化率现在是43%。有一个预计认为大概到2050年的时候，非洲城市的人口可能是占非洲总人口的60%，总数要超过10亿人。

还有一个概念就是在21世纪初，在世界上100个发展最快的城市里有25个是非洲的城市，差不多占1/4。那么非洲超过100万人口的城市有什么样的变化呢？1960年的撒哈拉以南地区，只有南非的约翰内斯堡这一个城市超过100万人口。而10

年后，也就是1970年，100万人口以上的城市就有4个，包括南非的开普顿和约翰内斯堡、刚果金的金沙萨和尼日利亚的拉各斯。

再过10年，也就是20世纪80年代，人口超过100万的城市除了刚才说的4个，又增加了科特迪瓦的阿比让、加纳的阿克拉、埃塞俄比亚的亚的斯亚贝巴、塞内加尔的达喀尔、坦桑尼亚的达雷斯萨拉姆、南非的德班、津巴布韦的哈拉雷、尼日利亚的伊巴丹、苏丹的喀土穆、安哥拉的罗安达和肯尼亚的内罗毕。2013年撒哈拉以南人口最多的城市就是尼日利亚的拉各斯，人口达到1500万，差不多是全国城市人口的1/3。而到了2020年，估计超过100万人口的非洲城市将要从21世纪初的30个增加到59个，差不多增加一倍。也就是说20年的时间，超过100万人口的城市又增加了一倍，并且大概有11个城市人口会超过500万。现在还有一个趋势就是目前非洲城市化增长的速度趋缓，而中小城市发展迅速。也就是说，目前非洲城市增长人口中的2/3是由那些50万人口以下的中小城市来吸纳的。以上就是非洲城市人口增长的一个特点。

第三点我要讲一下非洲城市化进程中存在着什么样的地区差异？这个我也稍微简单一点，第一点是从城市的分布情况来讲，非洲的城市主要集中在沿海地区和工矿地区——刚才讲的历史发展过程当中已经提到了，现在还有一些城市集中在交通干道的沿线。第二个差异是就整个非洲而言，南部非洲和中部非洲的城市化水平最高。第三个特点是南非成为撒哈拉以南非洲国家中城市化水平最高的国家，人口超过100万的城市实际上南非是最多的。南非现在的城市人口占全国人口的比例已经达到了60%。第四个特点是非洲城市化存在城市走廊。城市走廊是怎么回事？就是说比如在埃及，开罗、亚历山大、赛德港、

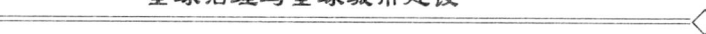

伊斯梅利亚和苏伊斯这些城市都很密集，一个挨着一个，就形成一个城市走廊。比如尼日利亚就有由拉各斯到伊巴丹的一个城市走廊。摩洛哥有一个从尼特拉到卡萨布拉卡这样一个城市走廊。现在还有一个趋势就是这个城市走廊是跨国的，比较典型的是尼日利亚的拉克丝、伊巴丹，贝宁的科托努，多哥的洛美，加纳的阿克拉都挨得挺近的，这就是跨国城市走廊。

那么，非洲城市化的快速发展带来了哪些问题呢？非洲的城市化没有与经济同步增长，也就是说城市化很快，但是经济发展还很慢。据统计，1970—1995年，非洲城市人口年增长是5.2%，但是人均的GDP却下降了0.66%。因为经济增长不足，所以城市的市政面临着巨大的财政压力，从而导致投资不足、基础设施建设不足，政府没有能力来提供交通、住房、电力、通讯、教育、医疗、保险等等公共产品，所以城市居民面临的不平等现象加剧。那么具体造成了哪几个问题呢？

第一个问题是城市公交服务难以满足迅速增长的交通需求。我在塔那那利佛、喀麦隆的首都雅温得，看到外边的车都走不动，堵得很厉害。很多小贩沿着路边走边卖东西。第二个问题就是住房严重短缺，造成大量的城市居民住在条件恶劣的贫民窟里。第三个问题是城市居民没有办法得到正常的水电供应，包括煤气也是不能正常供应的。在马达加斯加有一个非常有意思的景象，就是老百姓因为家里没有水所以大家都到河边上去洗衣服，到集体供水点排队取水。第四个问题是就业不足，一些失业者就坐在路边等人来找他们干活。第五个问题就是大量无业游民对城市社会稳定提出了严峻的挑战。我们知道现在非洲的一些极端组织发展比较迅猛。这个实际上与非洲失业严重，特别是青年失业严重是有很大的关系。第六个问题就是城市人口的快速增长造成了垃圾清理的不足。因为市政清理垃圾需要雇用工人，要有交通工具，但市政没有钱，所以垃圾就没法及时清理，导致非洲城市环境迅速恶化。我还是举个马达加斯加的例子。我和市长聊天，我说你这个不行，卫生等各方面都很差。但他也无能为力，因为市政没有钱。国际组织或某个国家援助一些钱就好一点，但一旦没钱了，又故态复生。

三、非洲城市交通

下面我再讲一下交通，主要是讲一下它的交通工具。在非洲很少有那种大公共汽车，我在非洲旅行时很少拍到大公共汽车的照片，主要的就是小公共汽车，这种车核载十几个人，但可以挤满30个人。有时候为了让里面能多坐一个乘客，售票员自己就站在车外面，这还是蛮有意思的。还有就是非洲人喜欢搭顺风车，这个也是经常可以看见的。而当地的出租车活很少，车都堆在一起，为什么呢？因为消费能力很有限，而出租车是比较贵的。还有一个特点，非洲有很多摩托车是拉活的，你会看到有大量的摩托在街上等活。那里的交通工具我就介绍完了，与我们国内比有很大差距。

我就讲一下非洲城市的公共交通为什么以非正规运营为主。非正规运营简单的说，就是公共交通是一些私营企业承办或私营者个体的。在我们国家可能至少你得要注册一个公司，但在非洲就没有。为什么会这样呢？就是因为非洲市政没有能力来承担公交、维护公交，所以造成了公共交通的经营主要是非正规的、私营的。非洲市民要出行，绝大部分都是坐私营的车，要么是出租车，要么是小公共汽车，要么就是摩的。在马达加斯加还有那种我们以前称为黄包车的存在，中国华人把这种车引进到了马达加斯加。那么非正规运营会造成哪些负面的影响呢？有很多，比如说运营时间会随意变化，安全性也不高，而且线路也可以随时随地的变化。所以在非洲如果你要坐公交车，特别是那种小公共汽车，你在上车之前一定要跟司机说好目的地和价格，否则的话他随意一改线路，就会要你更多的钱，多要好几倍的钱都有可能。

那么非洲的公共交通应如何改进呢？第一是需要完善公共交通的管理机制。非洲现在城市交通是属于没人管的情况，都是私营的，因此需要组织高效正规的公共交通运输系统，把现在非正规运营的公交整合起来。另外还有就是要改进一下交通结构，让它更合理。目前非洲的城市建设跟我们有点像，就是很多城市人口迁移到很远的郊外，这就造成了交通结构上的不合理。还有就是要建设绿色环保的交通工具。非洲不像我们有那么多空调，车的保有量现在也越来越多，但它最大的问题是车况很糟糕。因为买不起新车，绝大多数的车都是从发达国家进口的二手车，车况很差，后面冒的尾气都是黑的。因此如果经济问题不解决，环境问题也难以解决。

非洲的城市化发展为中国与非洲的城市基建合作带来什么机会？非洲的城市在基建方面需求量很大，刚才提到过住房特别紧缺，很多人都住在贫民窟里面。因此需要建房子，有时候政府有钱了，会造一些有点像我们的福利房的房屋，以低价分配给有困难、有需求的居民。由于非洲城市的基础建设跟不上城市发展的速度，再加上我们中国改革开放以来城市化发展又积累了很多好的经验，所以非洲城市基建给我们中国企业进入非洲提供了非常好的历史性机遇。在埃塞俄比亚首都亚迪斯亚贝巴，有个环城公路的立交桥就是我们中国公司承建的。

那么我们中国企业具体参与到哪些城市建设中呢？首先亚的斯亚贝巴的一个轻轨是我们中国企业承建的，总里程是34千米，2015年9月份就通车了。因为价格比较便宜，所以成了市民出行的首选，利用率还是比较高的。还有一个就是在尼日利亚首都阿布贾，中国公司承建了从市中心到机场的一个城际铁路，我看到的资料显示是2009年5月开始动工的，2018年开始试运行。此外，中国企业还参与建设非洲城市的供水和环卫项目，如坦桑尼亚的供水工程和阿比让的供水项目。我们参与的建设可能有两种情况：一种是我们政府给他们提供资金，他们申请我们的优惠贷款。还有一种就是他们自筹资金，我们中国公司主要是承建。比如埃塞俄比亚有一个莱比垃圾发电厂。这个发电厂是2014年9月开工的，2017年9月份就开始运营了，效果还是不错的。在这个工程里埃塞俄比亚自己出资了1亿美元，而我们提供技术。处理完后的灰渣大概就是原来体积的20%，而且是无害的，可以做砖、做建筑材料，是很环保的。

除了城建和供水项目之外，中国政府还帮助非洲援建了一些城市的公共设施。非洲共有54个国家，有个组织叫非洲联盟，它的会议中心完全是我们中国出资援建的，2012年就竣工了。我们给多哥援建了一个有些像小型人民大会堂的建筑，人数最多可坐1500人。但是对于当地来讲，它就是党政群体举办集会、群众大会的地点，社会效益比较好。此外，还有刚果布的议会大厦、达累斯萨拉姆大学的图书馆、多哥的体育场、医院等。

最后讲一下非洲的房地产有什么特点。首先是中国公司会承建非洲国家政府出资兴建的社会住宅。这些项目基本上是他们的政府自己筹资的，有的是我们给他们提供的优惠贷款。这些福利房的量是相当大的，有点像我们上海早年的那些工人新村。还有一个就是我们在那已经落脚扎根的一些企业，他们在城市里地段比较好的地方买地皮盖商业楼、写字楼，建商场，部分出租部分自用，效益比较好，因此投资建设商用建筑能够得到稳定收益。我在那碰到过我们大连建筑设计院的一个建筑设计师，最初是因为有一个企业在马达加斯加要建一个工业园区，把他请去做规划，但后来工业园区没搞成，而他就留在那了。为什么留在那儿呢？是因为当地有一个印巴人看中他了，两人合伙搞了一个建筑公司，专门给当地的私人建住宅，生意很不错。然后过了几年这个建筑师自己也有钱了，他就独立出来自己开了家公司，听说一年能赚40万—50万美元，因此经营小型建筑公司效益良好。

现在我回过头来再说一说为什么在非洲进行商品房投资需要特别谨慎。我们国内改革开放以来，商品房很火，房价不断上涨，有时候刚开盘就被抢光了。但是非洲国家是土地私有制，他们一般都愿意自己买一块地皮，大一点的大概几百平方米，小一点的可能也就是100多平方米甚至于几十平方米。然后按照自己的想法来自己盖或者找人盖，这样就成本就低了。特别普遍的情况是，一开始没钱先盖个平房，但上面不封顶，然后慢慢有钱了再往上盖，这是非洲的一大特点。其实这个情况我去东南亚也发现过。因为人家的土地是私有制的，我买下来这块地，祖祖辈辈永久都是我的，不像我们国家土地是不能私有的，你最多只能有70年的使用权。这是第一个原因。

第二个原因就是非洲的银行经营情况一般不太理想，所以它的利率特别高。如果要搞按揭，利率要在20%左右。这个一般人根本就承受不起。因为这些原因，有的中国企业在那里搞这种商品房但是却卖不出去，导致资金回笼不了、资金积压，这是很大的问题。所以在非洲进行房地产开发要非常谨慎。

我要讲的内容就到此为止，下面我们可以互动一下。

日本社区政策的演变

俞祖成

同学们好，我的专长在于研究非营利组织（NPO），在中国官方，非营利组织和非政府组织的称谓是社会组织，在胡锦涛时代被称为民间组织，在毛泽东时代被称为社会管理。在我国的历史上，民间组织往往和官方对立，实行秘密结社，在中国古代兴起的目的是改朝换代。在如今的社会中，治理社会和治理国家，仅仅依靠政府的力量是远远不够的，改革开放后，在市场经济中，需要通过企业来解决政府无法解决的问题，而企业也并非万能，因为它们始终要围绕着利润来活动。政府的财政永远是有限的，政府的工作也是有编制的，而社会问题永远是不断的并且多样的，所以需要依靠每一位公民，依靠公民的结社从而形成社会组织。

让我觉得非常自豪的一件事是我的专著在2017年被评上了日本NPO协会的优秀奖，主题和中日比较治理有关，我发现日本的非营利组织和中国有很大的不同，比如嵌入了许多"地方自治"的成分，这一概念对于大部分国内学生来说比较陌生，事实上日本的"地方自治"从明治维新开始，已经有100多年的历史了，我国民国时期也曾引入过日本的地方自治制度，但最终以失败告终，"地方自治"在民国时期是一个非常时髦的词语。日本的NPO多数活跃在社区自治领域，比如社区环保、社区养老、社区护理、社区儿童福利、社区自治等领域，社会组织的产生是源于有责任感、义务感、公民感的市民或公民个体就某个社会问题而结社。上海目前有1.5万多个社会组织，而这些组织大多数是职业化的，比如政府购买（政府委托在某一领域更专业化更有效率的社会组织完成这一领域的事务），因而我国的许多社会组织的本意并非是为了解决身边的社会问题，因此我国许多的社会组织处于徘徊阶段，并未走向良性发展。由于其中因素多为外生式，我一直在思索为何中日之间的非营利组织会有这样多的差异，而正是这样的差异导致了中日之间社区治理的差异。

许多去过日本的同学都会对日本有一个直观印象：日本非常干净、整洁和有序。而构建这样一个干净、整洁和有序的社会的关键在于社区，对这一领域的研究也一直是被我国学界所忽视的一个方面。在现今学界对于日本的研究中，大多数集中在政治领域，尤其是宏观视角。日本的基层治理是非常值得我们探究的，基层是非常重要的，一个社会的变革暴动往往最先在基层发生。国别研究绝不仅仅是高大上的宏观问题研究，我们应该更加微观地、扎实地、前沿地对这个国家的社会现象进行剖析。十八大以来，推动国家治理成为了非常重要的议题，而推动国家治理的抓手就在于社会治理，而社会治理的落脚点就在于社区治理。

在回到上海后，我最先对浦东新区的社区治理状况进行了实地调研，完成了一份关于社会力量（社会组织、企业、志愿者等）是如何参与到浦东新区的社区治理的报告；在静安区石门二路街道担任了社会治理创新专家顾问；在杨浦区社会治理担任了顾问团专家成员；还在上海市民政局"居（村）委会自治家园"验收组履行了高校专家的职责。这几年来我在上海的基层进行了非常深入的调研考察，上海的基层政府（街道办事处）是非常积极作为的，在社区治理这一领域上海走在全国前列，践行"为人民服务"，但是这样为人民服务的做法经常被异化为"为人民做主"，而非理想意义上的调动社区居民的参与度，让居民自助、互助甚至是共助，更多的是政府介入、行政介入。

尽管在法律上规定，居委会和村委会属于居民、村民自治组织，但实际上却扮演着行政末端的角色，比如大多数的村长、支书或者是居委会主任，他们的收入都来源于政府财政，从而导致居民或村民潜意识中把居委会或村委会当作地方政府；而许多村长、居委会主任等仍未摆脱"官"带来的影响，潜意识地"为人民做主"，长期忙于政府交代的任务，而很少主动去调动居民自身的积极性，因而大多数的居民、村民没有自治意识。可以说目前在中国社区行政化和社区自治仍旧处于对立的状态，社区运营中大量使用的是公共财政收入。相反，在日本，居民需要缴纳会费，成为会员。在中国的许多社区中，有一个非常有意思的现象：居民对居委会的有着严重的依赖倾向，居民得到的公共服务越多，反而抱怨的方面就越多，因此目前居委会的自治功能需要回归，应鼓励社会组织的社区内生式发展，培养更多的社区骨干，从而推动社区治理的理念革新。

前段时间，上海市长应勇访问日本并表示：上海和东京都是超大型城市，在城市发展方面有许多共同话题，也面临许多共同的挑战和任务。希望今后在城市管理、社会治理和社区管理方面借鉴东京的先进经验。日本的社区治理非常具有借鉴意义，目前国内对于日本的社区治理研究尚处于起步阶段。在日本，社区内非常干净、整洁和安静，楼房普遍不高，居民生活非常安逸。导致中日在社区治理领域的差距的原因有很多，其中最根本的是居民总体素养的差别，而国家的发展阶段和人民的富裕程度的差异等方面也是非常重要的原因。

一、战前明治政府的社区政策

我希望从政策的角度来和大家分享日本社区治理是如何发展的，政策的因素在基层治理中扮演着很重要的角色。绝大部分国家在实现工业化之前，社区生活都是非常简单的，依靠的是传统和习俗。日本也不例外，明治维新前的社区生活非常简单，社区治理的起步是在明治维新时期实现的。明治维新时，日本发起了现代化民族国家的构建进程，而其中很重要的一个基础在于构建现代化的地方政府，因此在这一时期日本开始推行市町村制，同时推行了明治大合并，使得市町村数量从71314个减至15859个，这对当时的日本政府管理地方起到了非常正面的作用，提高了行政效率。而在市町村的数量减少后，如何维持地方的稳定和自治成了一大问题，为了维系被合并的原市町村区域，其内部出现"町内会"等社区组织，其职能非常类似于中国的居委会或村委会。在城市区域，江户时代形成的"町组"或"卫生组合"也逐步演变为"町内会"等社区组织，当时的明治政府无暇顾及这些事务，因而这一时期明治政府（内务省）致力于构建作为近代地方自治体的"市町村"，而忽视了对町内会等社区组织的建设，仅承认其合法存在。

在日本走上军国主义道路后，日本政府需要进行国家总动员，需要日本公民更多地收集物资并且成为士兵，因而政府的力量在这时是不够的，随着战时体制化的推进，"町内会"等作为"市町村"的下部组织的功能开始引起政府的关注和重视。

1938年,地方制度调查会发布《农村自治制度改正纲要》,官方协助机构建议日本政府要推进"部落会"(町内会)的发展并将其作为町村的辅助机构。据此,内务省开始积极地培育和指导町内会等社区组织,1940年,日本内务省(相当于中国民政部)颁布《部落会町内会等整备要领》(内务省训令第17号),指示各地方长官推进町内会等的建设工作。并颁布了要领,以下是《部落会町内会等整备要领》的基本内容:一是部落会或町内会的组建,须覆盖本区域所有住户;二是部落会或町内会具有双重地位:居民的地域组织、市町村政府的辅助性下部组织,在村委或居委里面还有下部组织。其实日本的社会治理机构来自于中国,受传统中国的影响;三是在部落会或町内会内部组建"邻保班"(以10户左右为基准);四是将邻保班作为部落会或町内会的邻保执行组织。区分市町村区域,在村落组建"部落会",就相当于我国的村委,在市街地组建"町内会"。所以日本在战时为什么那么疯狂,是由于它有强有力的社区制度支撑它的军国主义。这也是研究中日关系尤其研究中日关系史时不可忽视的重要原因。在村委居委里面组建"邻保班",相互监督,相互举报。因此日本当时发动战争,很多时候并不是老百姓想要参加战争,而是他们没有办法,当时日本的老百姓已经完全失去了自己的自由。但是,那时的日本虽然独裁,依旧不忘记依法治国,1943年修订市町村法,规定在市町村长的许可下,町内会等可拥有必要财产,同时允许市町村长有权要求町内会等协助政府部分工作,即收集战时物资、征兵、分配物资等。这段历史是日本社区治理在整个日本历史上最黑暗、最耻辱的一段历史。

二、战后初期 GHQ 的社区政策

二战后，联合国军总司令部（GHQ）鉴于町内会等组织在战争体制中所扮演的统制功能，要求日本政府全面废除町内会等社区组织。

1947 年 1 月，日本政府发布内务省训令第 4 号，正式废除《部落会町内会等整备要领》。然而，当局允许居民基于自发意愿组建新的居民自治组织，导致绝大多数的地域在原町内会的基础上组建居民自治组织（改头换面而已），面对这种状况，GHQ 随即要求日本政府出台新法，彻底铲除町内会。在 1947 年 5 月，日本政府出台并实施《关于町内会部落会及其联合会等的解散、就职禁止及其他行为的限制之政令》（政令第 15 号）。勒令在 1947 年 5 月 31 之前，解散所有类似于町内会、部落会以及邻保班的居民自治组织。据此，战前的町内会等组织在法律名义上被彻底取缔。之后，伴随日本国家主权的恢复（波茨坦公告），日本政府基于相关法律废除了第 15 号政令，据此日本各地积极复活町内会等居民自治组织。

三、20 世纪 70 年代的日本社区政策

伴随经济的快速发展以及城镇化进程的推进，日本传统的共同体逐渐走向崩溃和瓦解，如何构建新型社区成为日本社会的重大议题。1969 年 4 月，国民生活审议会调查部会下设"社区问题小委员会"（如下表），战后日本人的社区治理建设就是由这些人主导的。

委员长	清水 馨八郎（千叶大学教授）	地理学者
委　员	伊藤 善市（东京女子大学教授）	财政学者
委　员	佐藤　竺（成蹊大学教授）	行政学者
专任委员	奥田 道大（东洋大学副教授）	都市社会学者
专任委员	仓泽　进（东京学芸大学副教授）	都市社会学者
专任委员	安田　三郎（东京教育大学副教授）	计量社会学者

1969年9月，社区问题小委员会发布政策报告《社区：生活场所的人性之恢复》，成为指导战后日本社区发展的第一份官方政策文件。这份文件在日本首次提出"社区"概念，"社区是指在生活场所建立的，以具备市民自主性和责任感的个人和家庭为构成主体，拥有地域性和各种共通目标，且富有开放性并在构成人员之间形成相互信任感的集团组织"。这份报告一共有38页，非常详细地介绍了它的背景、出现了哪些问题、日本以后要怎么做等。对于在新型社区构建中对"居民"的要求，他们在社区调研中提出：日本要走向现代化的社区治理，必须要实现社区居民的转型，以前是传统型居民层、冷淡性居民层，而现在要建立市民型的，具有市民主体意识的居民体系。

所以一个现代国家，一个文明国家，一个发达国家之所以发达、文明、现代，一定是因为它有良好的市民来支撑这个国家。而且它提出了一些机制，比如在新型社区构建中对"政府"的要求有四个：一是在行政部门构建"反馈机制"（建立公听会制度、充实广报制度）；二是整备完善各种社区设施（公民会馆、幼儿园、公园等）；三是信息供给；四是培养社区领导人。《社区：生活场所的人性之恢复》成为现代日本社区政策的起点，对日本中央政府和地方政府的社区政策产生了重大而深远的积极影响。

1971年4月，自治省（现总务省）制定《社区（近邻社会）对策纲要》，并向各都道府县下达《关于推进社区（近邻社会）对策的通知》，该政策文件提出：为了构建能够满足居民对于近邻生活之需求的基层地域社会，有必要推行有助于打造新型社区的施策；作为确立社区对策的预备性施策，有必要实施"示范社区政策"。示范社区政策的核心要点是在全国范围内设置"示范社区"，示范社区的区域，由都道府县知事与市町村长协议后加以选定；示范社区的区域，以"小学校的通学区域"为大致基准；市町村在居民参与的前提下制定"社区整备计划"；由居民制定"社区活动计划"；基于社区整备计划的社区设施整备，中央政府应采取优先考虑地方债及其他所需财政措施；为了开展社区调查研究，有效指导示范社区计划的制定和实施，中央政府应牵头组建"社区研究会"。

其中共计设立83个示范社区：1971年度（40个）、1972年度（13个）、1973年度（30个）；城市地区46个，农村地区37个。关于示范社区建设的内容：一是制定社区计划（统合"社区整备计划"与"社区活动计划"）；二是建设以"社区活动中心"为核心的社区设施；三是开展社区设施的管理和运营、文化和休闲活动等居民自治活动；四是社区研究会发布"中期报告"（1973年）和"终期报告"（1977年）。

四、20世纪80年代后的日本社区政策

1. 1983年的自治省《社区推进地区设定纲要》

示范社区建设结束10年后的1983年，自治省制定《社区推进地区设定纲要》，并向各都道府县下达《关于推进社区对策的通知》。其政策目的是立足于示范社区建设的进展情况，意识

到伴随城镇化的急剧推进，有必要在城市及其周边区域进一步推进社区政策，即新设"社区推进地区"，试图以此激活社区活动。自治省在与都道府县协议的基础上，在原示范社区之外的地区设立新示范社区。作为国家的支持政策，自治省通过市町村向社区推进地区提供信息和财政支援（特别交付税）。以下是1983年《社区推进地区设定纲要》的实施效果。一是1983—1985年，设立了147个"社区推进地区"（有效期5年，1989年结束）；二是促使地区内各种组成团体之间的相互联络；三是促成地区内各种组成团体之间成立"近邻协议会"；四是出现"举全地区之力开展事业活动"的现象。

2.1990年的自治省《社区活动活性化地区设定施策》

1990年，自治省决定实施"社区活动活性化地区设定政策"，向各都道府县下达了《关于社区活动活性化的通知》。其政策目的是为了进一步激活各地区的社区活动，特设立"社区活动活性化地区"并给予必要的指导和援助。其政策期待是进一步推动各地区开展基于自主策划的社区营造和文化活动等社区活动，同时推动各地区能够自主策划包含地区发展蓝图和生活环境整备等内容的"社区计划"。政策实效为5年，自治省通过市町村政府提供财政支援和信息供给，1990—1992年，在原示范社区和社区推进地区之外设立了141个"社区活动活性化地区"，涵盖城市地区和农村地区，通过开展社区活动和社区运动，提升了居民意识，激活了社区活动。

3.1993年后自治省实施的社区政策

示范社区设定（1971—1973）、社区推进地区设定（1983—1985）、社区活动活性化地区设定（1990—1992），试图通过支援示范地区并将示范效应拓展至其他地区。然而，如继续实施类似政策，将导致指定地区与非指定地区间的不公平感。1993

年开始，自治省开始实施以全国社区为对象的社区政策，即为了强化社区的组织力及其功能，自治省向都道府县以及市町村实施的社区领导人培养项目提供财政支援（地方交付税），三次政策所设定的社区均以"小学校"为基本范畴，超越了原町内会等的领域，从而促使各社区组建"社区协议会"。然而，这些"社区协议会"仍以原有的町内会等（29.87万个）为主要构成团体，导致社区成为"叠床架屋"式的存在，偏离了原有的政策目标。1947年地方自治法的实施，废除了原有的市制町村制。1991年修订地方自治法，允许町内会等地缘团体在获得市町村长许可的前提下注册为具有法人资格的"许可地缘团体"（4.4008万个，约占町内会总数的14.7%）。

五、日本地方政府的社区政策

所谓单一制下的地方高度自治，是中央政府（国）与地方公共团体（自治体）之间的协调共治。80%以上的地方自治体实施了社区政策，尤其是在自治省示范社区政策出台后，推动各地方自治体积极实施社区政策。迄今为止，市町村所实施的主要社区政策包括：一是将"社区"纳入市町村的"基本计划"；二是向社区提供"辅助金"；三是设置并管理"社区设施"；四是向社区活动提供财政支援。关于日本的社区规模，人口约1000人，面积约1平方千米。社区构成团体包括町内会、妇女会、老人会、NPO（非营利组织）、志愿者团体。社区活动的类型包括环境美化、清扫、资源回收、盂兰盆节舞蹈会以及各种传统庙会、体育、休闲活动、政府通讯报分发等政府委托事务、防灾活动、地区安全确保、集会设施等的计划制定及其维护管理等。

六、社会变革与社区环境

1. 阪神道路大地震及其教训

1995年1月17日，阪神道路发生大地震，导致6000多人死亡，4万多人受伤。消防、警察等行政部门也成为"受灾对象"，导致救援迟缓，各种志愿者团体奔赴灾区开展志愿救援活动，出现了"志愿者元年"现象。町内会等社区组织的重要性再次引起日本社会的关注。政府推动1998年出台《特定非营利活动促进法》，创设基于认证制的"NPO法人制度"，5万多个NPO法人活跃在福利、社区营造、文化体育、地域安全等领域。

2. "新公共空间"理念的提出

2005年3月，总务省的研究会发布《分权型社会中的自治体经营之战略刷新——致力于新公共空间的构建》。各种社会力量与政府力量基于自律、平等的原则参与公共服务供给，社区组织被视为形成新公共空间的重要主体。

3. 市町村合并（平成大合并）

1999年，日本国会通过《关于市町村合并的特例法律》。市町村的数量从1999年4月的3229个，减少至2018年6月的1718个，合并导致行政区域扩大，拉开市町村政府与居民的距离，进而诱发社区的衰退。1999年修订合并特例法，导入"地域审议会制度"，2004年修订合并特例法并制定合并新法，导入"合并特例区制度"和"地域自治区制度"。

七、日本社区政策的最新动向

2007年2月，总务省（原自治省）为了研讨地区社区再生、地域力再生等重大问题，组建了"社区研究会"（1971年曾组建"社区研究会"）。2007年6月，社区研究会公布《社区研究会中期报告》。

对社区进行再定义："拥有某种共同属性（生活地域、特定目标、特定兴趣等）以及伙伴意识，相互之间开展交流的集团组织"。

2007年《社区研究会中期报告》的核心内容有：地域社区再生的必要性（少子老龄化、农村人口过疏化、个体化以及家庭形态多样化导致的地域共生力的衰退；市町村合并导致共同体意识弱化，进而导致地域社区组织服务供给能力低下）；协调町内会等地缘团体与NPO等功能团体之间的关系；提升居民参与内生式地域社区活动的主动性和积极性；避免制度构建对于社区居民的"强制压力"；构建多元主体参与的"社区合作平台"；积极利用ICT技术（信息与交流技术），推动"主题型社区"的形成；尊重地域居民的主体性，避免居民的"政府过度依赖"，构建政府与社区的合作伙伴关系，同时注重培养和发挥专家力量；对社区活动领域提出一些建议，如地域社区的教育活动、育儿支援，地域的历史、文化、景观和社区营造，防犯和防灾活动，集落的未来发展等；对理念进行革新，如居民参与地域社区活动，不再是"私"，而是"公"；为了更好地推动居民开展和参与社区活动，中央政府应在适当的时机出台相关法律；总务省应继续实施以地区再生为主题的社区政策。2008年7月，总务省在内部增设"社区·交流推进室"，强化社区政策决策体制；同年7月，总务省重组"关于新型社区未来发展的研究会"；该研究会致力于研究和探讨社区人与人之间的新型关系、交往方式等问题，并根据不同地区类型（大城市、地方城市、农村等）提出不同的社区发展方案。

八、结　语

1. 日本社区治理的理念革新：从"官治"到"民治"。
2. 日本社区治理的现实难题：町内会干部的内固化和老龄化所引发的"组织疲劳"；过疏化和老龄化导致町内会难以维系（加入率走低）；町内会等地缘团体与NPO等功能团体之间无法达成共识并开展合作；社区议事平台的构建问题；社区与政府部门的合作伙伴关系构建问题；如果将社区作为市町村内部的自治团体加以法制化，那么它是否会演变为近邻政府组织？

城市与气候变化

[美] 埃克里·J. 海基拉（Eric J. Heikkila）

如果在座的各位中有懂芬兰语的，就可以看出我的姓"Heikkila"源自芬兰，芬兰不是斯堪的纳维亚半岛国家，芬兰语与斯堪的纳维亚半岛的语言也有着显著区别。我之所以提到芬兰，是因为上海外国语大学的简称 SISU 也是芬兰语中的一个词，在芬兰语境下 SISU 代表着强大、决心、成功、强大的毅力和坚定的信念。我知道这个词要感谢我在加拿大的祖父母，由于他们所住的地方的人十分强壮，所以他们将自己住的地方命名为 SISU。因此，我认为在座的各位和我能够在上外一起上课是一件非常荣幸的事。

今天我要谈论的主题是气候变化中的全球城市（Cities & Climate Change）。我将从以下四点来阐述我的主题：1. 何为气候变化；2. 如何减缓气候变化；3. 如何应对气候变化；4. 城市的角色。

一、气候变化（Climate Change）

首先，我想问大家一些问题以方便大家交流。我知道气候变暖在中国是一个大的议题，因此，在座的各位对此一定有自己的思考。那么，大家认为什么是气候变化？又是什么导致了全球气候变暖？

同学们的回答中有的提及某些人类工业化活动，化石燃料燃烧产生的温室气体如二氧化碳也是造成全球气候变暖的主要原因。由于涉及到诸如此类的不同方面的问题，因此气候变暖是一个大的话题。人类的活动造成了温室气体排放，如图1这是来源于 IPCC（Intergovernmental Parnal Climate Change）WG3（Working Group 3）（2014）的1970—2010年度人为温室气体排放总量表。

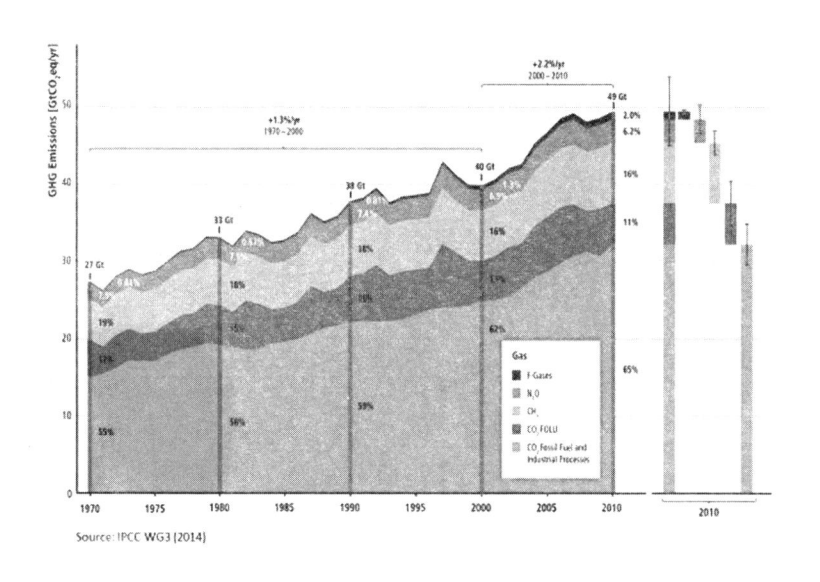

图1　1970—2010年度人为温室气体排放总量表

从图1中我们可以看出，在过去的40年中，温室气体的排放总量增加了很多。比如，从1970—2000年，在这30年中，空气中由于化石燃料和工业气体产生的二氧化碳的含量由1970年的55%增加到了2000年的62%，增长了近17个百分点，并且每年仍以较快的速度在增长。图2是经济部门产生的温室气体排放表，我们可以看出在2010年温室气体排放总量中不同部门：交通部门、制造业、工业部门、农业部门所占的比重。此外，我们还可以看到温室气体的排放分为两部分，一部分是直接产生的，另一部分是间接产生的。总的来说这两部分是相互影响的，间接释放的二氧化碳也主要产生于能源、工业、交通、建筑这些产业。

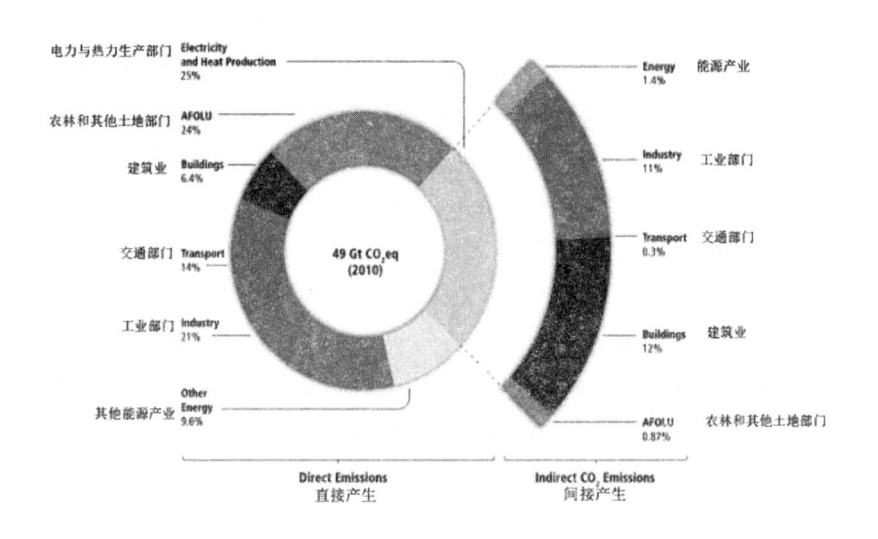

图2　经济部门产生的温室体排放表

图3生动诠释了从工业革命以来到现在空气中二氧化碳浓度的变化。从1870年的288ppm到2013年的395ppm。在这两个数字背后，我们也可以看到空气中主要温室气体的来源，比如煤（中国是主要的煤炭使用国）、油、天然气、石灰、不同类别的土地使用。实际上，除了以上二氧化碳释放的物质外，有一部分二氧化碳也被陆地和海洋吸收掉了。比如陆地上的森林

和草木在进行光合作用时能够吸收二氧化碳，海洋就像海绵一样也吸收一些二氧化碳。

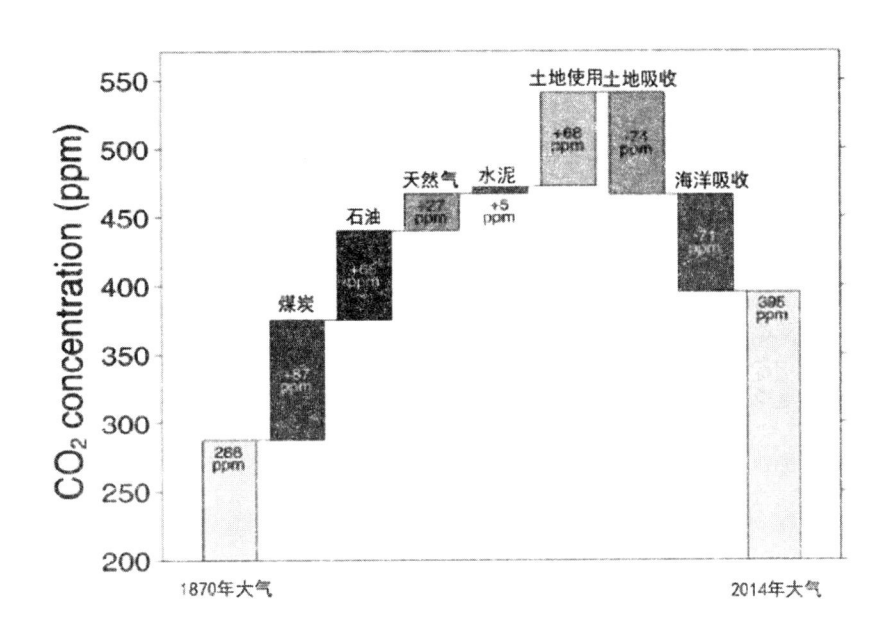

图3　空气中二氧化碳（CO_2）浓度变化（1870—2014）

通过图4，我们可以得出一些让大家感到惊恐的事实。这是根据2014年全球碳排放项目制作的关于不同国家和地区二氧化碳排放量以及发展趋势的一张图。从中可以看出美国和欧洲在很长的一段时间内是碳排放的主要来源国家和地区。目前来看，美国和欧洲国家是世界上工业化程度最高的国家和地区，请大家仔细观察这张图，可以看到近些年来印度的工业化进程在加快，碳排放量也在逐年增长。但是再看中国的碳排量和增长速度，可以说是以火箭式的速度在增长，在21世纪初期，中国超过欧洲和美国成为最大的碳排放国，并且仍然保持着指数般的速度在增长。

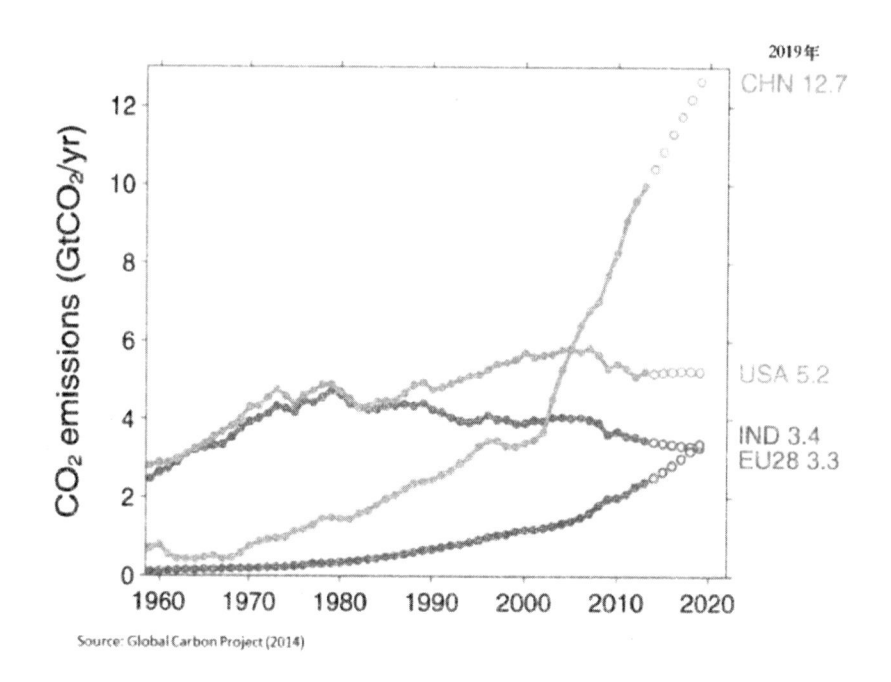

图 4 不同国家和地区二氧化碳排放量以及发展趋势

  这一现状背后受到深刻的政策背景的影响。由于美国和欧洲国家已经实现了较高的工业化水平，现在开始面临一些由于温室效应而带来的问题，因此欧美国家倡导减少或者停止温室气体的排放，但是从中国的角度来说，这是不公平的，中国现在正处于工业化进程阶段。如果我们站在不同的国家角度来思考，这两种说法都有其合理性，这就出现了一个悖论。这也是全球化进程中各个国家必须要面对的问题，工业化进程中的国家由于使用大量的传统能源燃料排放出大量的温室气体，从而造成了温室效应，就好像在夏天给地球穿上了一件厚厚的毛衣。
  另一方面我要讲的是全球各个地区受到气候变暖的影响程度并不是一样的。当然，全世界都感受到了全球气温的升高，但是由于世界各地资源的差异，全球变暖在世界范围内的不同地区产生的影响也是不同的。其中，亚洲是最脆弱也是受气候变暖影响最大的区域。这里主要有两个原因：首先是因为亚洲拥有大量的人口，因此受气候变暖影响的人口数量自然就多。如果你住在与亚洲相比人口数量相对较少的加拿大，那么受影响的人口就没有那么多。其次是由于亚洲的许多人口住在易受气候变化影响的脆弱区域，比如亚洲有大量的人口住在沿海地区，那么海平面上升引发的洪水就会使很多人受灾。在座的各位很多人都来自亚洲，还有很多来自中国，相信你们对这类问题都十分关切。

相信大家都知道，特朗普政府相较于克林顿政府、奥巴马政府时期的气候政策做出了很大的改变。特朗普不愿意相信气候变暖这一事实，接下来我对这一现象作出解释。现在让我们来看看这份奥巴马时期的报告，当然这是一份气候变暖影响的科学报告而不是一份政治报告。

> 美国人民已经注意到发生在他们身边的变化。美国的夏天想较于以前变得又长又热，这一异常的现象是以前的美国人所没有经历过的。然而冬天的时间在缩短，气温在上升，高频率发生的大暴雨…生活在沿海地区的居民在风暴和涨潮时一次次忍受着他们的房屋街道被淹没。生活在靠近宽阔河流周边的内陆居民也遭受着洪水的侵袭，特别是美国的中西部和东北部。在一些脆弱地区的保险率正持续升高，一些地区的投保甚至不再被接受。燥热天气和早早就融化的积雪意味着西部地区春天野外火险的时间正在提前，风险的时间也延长至秋季，燃烧面积也会扩大。在美国太平洋阿拉斯加地区，曾经保护海岸线的夏天的海洋

冰块正在急速减退，秋天的风暴导致了更多的土壤侵蚀，迫使许多社区的居民迁徙。

我学习的专业是政策制定，政策的制定在此议题上面临着一系列挑战。

二、减缓（Mitigation）

减缓的目的是减少因气候变暖引发的一系列灾害，比如洪涝，这也是应对气候变化要花费大量金钱的原因。表1是一个为了应对全球气候变化根据《京都议定书》而建立的国际组织。

表1

```
                  缔约方会议（COP）/《京都议定书》缔约方大会（CMP）
                                    │
                                  办事处
                                    │
                               常设附属机构
                          ┌─────────┴─────────┐
                    附属科技咨询机构        附属执行机构
      公约机构                                          京都议定书
      
      德班增强行动平台
      
      适应委员会                                    履约委员会
      财政常委会                                清洁发展机制
                                                 执行委员会
      华沙国际机制                                联合执行
      执行委员会                                  监督委员会
                                                  适应基金部门
      
      技术机制 ┬ 技术执行委员会       财务机制 ┬ 全球环境设施
              └ 气候技术中心                   └ 绿色气候基金
                &网络咨询机构
                                    其他财务安排 ┬ 特殊气候变化基金
      专家组 ┬ 缔约方国家信息                    ├ 最不发达国家基金
             │ 通报专家咨询组                    └ 适应基金
             └ 最不发达国家
               专家咨询组
                                    │
                           联合国气候变化框架（UNFCCC）
```

假设我们在座的各位都代表一个国家，你是美国，我是中国，我们都想要其他的国家在应对气候变化中承担更多的责任。这是为什么呢，为什么我们都想让其他的国家来减少温室气体的排放而不是从我们自身做起呢？很显然，经济因素在其中发挥的作用不能忽视。如果我们减少温室气体排放，就意味着我们可能要减少生产的产品，减少经济活动，这意味着经济的损失，我们都不想承受这种损失。这就是为什么我们都不想在减排这件事上冲在前阵的直接原因。

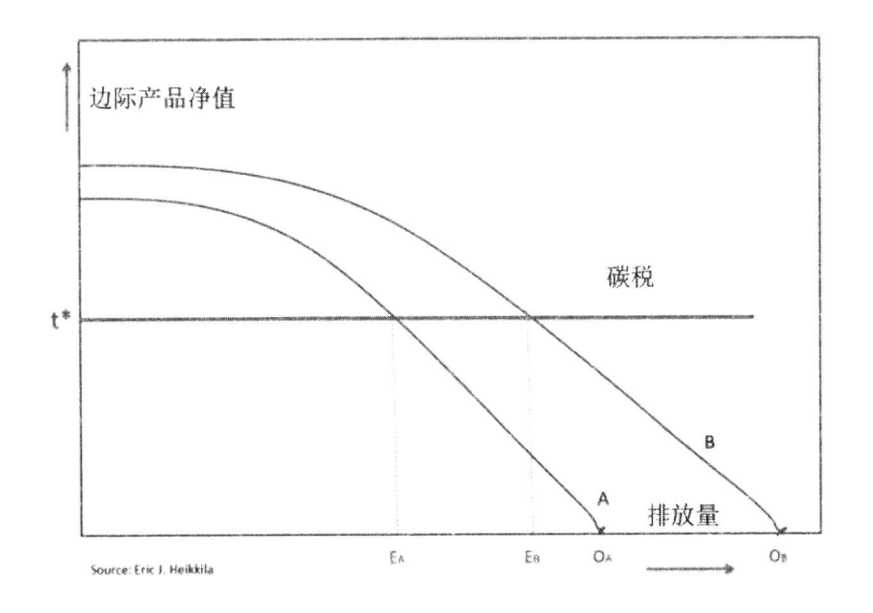

图5 税收是外生性的→排放水平是由内生性决定的

接下来我将通过图5为大家解释一下。这可以是两个不同的公司或者国家，左侧显示的是边际产品净值，右侧显示的是温室气体排放量。假设这是美国A，这是中国B，我想说的是，如果你想产生更多的边际产品价值，那么就意味着你要释放更多的温室气体。但是当美国的边际产品价值达到最高不能再获益时，也就意味着其温室气体排放量为零。这时中国由于是后发国家，距离达到最高边际价值仍然有一段距离，即会继续进行温室气体的排放。

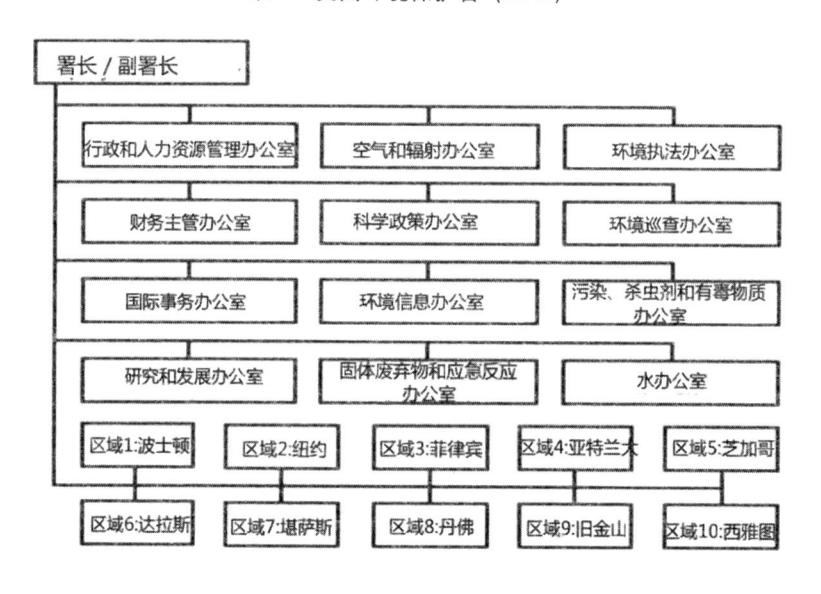

表2　美国环境保护署（EPA）

```
署长/副署长
├─ 行政和人力资源管理办公室　空气和辐射办公室　环境执法办公室
├─ 财务主管办公室　　　　　　科学政策办公室　　环境巡查办公室
├─ 国际事务办公室　　　　　　环境信息办公室　　污染、杀虫剂和有毒物质办公室
├─ 研究和发展办公室　　　　　固体废弃物和应急反应办公室　水办公室
├─ 区域1:波士顿　区域2:纽约　区域3:菲律宾　区域4:亚特兰大　区域5:芝加哥
└─ 区域6:达拉斯　区域7:堪萨斯　区域8:丹佛　区域9:旧金山　区域10:西雅图
```

我们可以据此提供两种解决问题的思路：一种是交碳税；另一种是允许市场交易。每一个国家都想要发展，都不想为了减少温室气体排放而停止发展。这是一个关于各个国家如何通过协商合作来减少温室气体排放的问题，因为我们如果什么都不做，任温室效应发展的话，将会陷入困境。因此我们必须找到一个公平合理的合作机制来解决这个问题。我想要别国来承担减排的重担，但是其他的国家也想要你来承担。这也是现在的美国政府拒绝承认气候问题的主要原因——不想承担责任。对于众多发展中的工业国家来说，煤的使用在工业化发展过程

中举足轻重，如果停止使用就会使经济蒙受损失。美国提出气候变化是一个伪命题，这是基于其政府自身的政策，而非基于事实证据。其实这是一个很好的例子，其他国家在发展中也会面对这样的情况。

联合国处理环境变化的会议是一个正式的谈话场合，《巴黎气候协定》等一些协议都是在联合国的管理之下运作的。20世纪70年代，美国总统尼克松设立美国环境保护局（Environmental Protection Agency，EPA），内设的不同办公室负责处理与空气、水等自然资源相关的事务。环境问题在我们看来是一个整体性概念，但在EPA中各个办公室却都有着不同的分管范围。

自成立以来，因环境变化这一议题本身的争议性，EPA作为美国负责环境问题的主要机构也同样存在过一些争议。在奥巴马当政期间，该局在处理环境变化问题上被赋予越来越多的权威。从表2可以看出，在过去20年，EPA的确采取了一些积极的措施。但EPA不能什么都管，国会在颁布文件宣布EPA成立时就规定了受EPA管控的污染物，包括目前公认的有氮氧化物、二氧化硫等。图6表明，在经济增长的同时有效控制某些污染物是可能的。因此奥巴马政府想把温室气体也纳入到EPA的管控范围中，希望通过EPA的管控能够做到减少温室气体的排放。

但把温室气体纳入EPA管控范围在美国是一项政治问题。虽然不能简单地说民主党和共和党对此的态度完全对立，但大体说来，共和党想限制EPA，他们认为EPA会对商业造成危害，也分散了政府的精力，商业活动应由商人经营而不应有政府的介入；民主党则假装保持中立并持同情态度，他们会说，你看，既然有效减少某些污染物的同时保持经济增长是有可能的，那

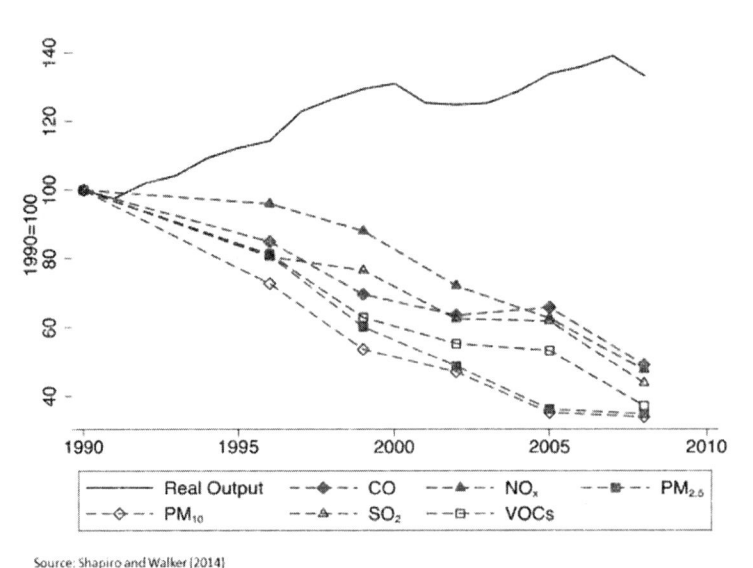

图6 美国制造业污染排放和实际产出的趋势

么减少温室气体这一污染物的同时维持经济增长也同样有可能。事实上，对此马萨诸塞州已有了一个合法的案例：奥巴马执政末期，该州最高法院出台规定，温室气体作为大气污染的一部分，理应归为污染物一类。

特朗普上台后任命普鲁伊特（Scott Pruitt）为美国环保局局长，众所周知，他试图让该局不再管理这一系列的污染物，因U. S. Environmental Protection Agency而造成了那些关心气候变化的人的恐惧——一个极其反对EPA的人正在管理EPA。不过最终，普鲁伊特因个人问题近期被迫离职。

因此，虽然气候变化主要是以科学为基础的，但也不可能脱离政治而存在，所以这在美国被称为"基于事实的政策"（evidence-based policy）。政策应该尽量基于科学事实，而不应基于个人兴趣。人类生活在同一个地球上，政策产生的一切后果也需要由人类共同承担，所以即使个人的兴趣很有影响力，也不能让狭隘的个人兴趣影响到合理的政策行动。

（一）减少温室气体排放的措施

图7展示了几种减少温室气体排放的方法。其中黑色箭头代表"太阳辐射管理技术"，即采取措施反射掉一部分射入地球的阳光。因为全球气候变暖是由地球保留的热量造成的，若能在阳光射入地球之前就反射掉一部分，就能缓解全球变暖。白色箭头代表"二氧化碳移除技术"，即在温室气体进入大气后再进行科学移除，是减少温室气体的第二步，包括刚刚讲到过的海洋沉降和土壤沉降。灰色箭头则代表"碳捕获与封存"，即利用技术收集二氧化碳（碳捕获），并将其储存在地下或海底（碳封存），避免排放到大气中。

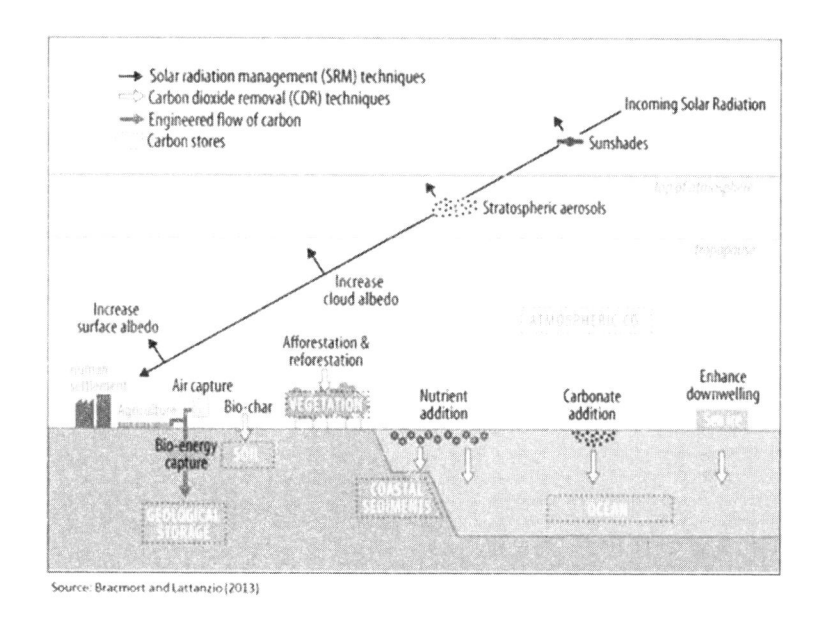

图7 气候工程技术

（二）控制温室气体排放的两种机制

控制温室气体排放问题主要有两项机制：一是碳税（carbon tax）；二是总量管制和交易体系（cap & trade）。前者是固定碳排放单价，让国家或企业自行控制排放量；后者则是限制排碳总量，让企业之间自行商议价格进行碳交易。

1. 碳税

当我们谈到"外部效应"（externality）时，所指的"外部"是什么？是市场，是市场的价格机制。污染是外部效应的常见例子之一。由于缺乏一个用来交易新鲜空气的市场，于是经济学家便创造出了这样一个市场，而有了市场就要考虑价格。经济学家研究碳的社会成本始于奥巴马时期，白宫曾做过一份报告，聚集各领域顶尖的经济学家，让他们分析与碳有关的社会成本是多少，并且说我们要做的是为碳收税，继而创造了"碳税"，也就是说，若要排放二氧化碳就要为此交税。但税要有公平的价格，而碳的社会成本则可作为这一公平价格的标准。当然，不同的人对这一价格的高低、计算方法等有不同看法。总之，基本的想法很直接，但具体细节却很复杂。

下面我为大家解释一下碳税是如何起作用的。假设我们都同意温室气体排放（尤其是二氧化碳排放）的确会让社会承担一定代价，那就要有一个合理的方式解释这一代价是什么，解释碳的社会成本是什么。大部分经济学家，包括我在内都理解排放温室气体的人不是因为喜欢排放而排放，而是因为喜欢经济产量，只是在此过程中产生了温室气体而让社会付出了一定代价。由于缺乏相关市场，人们往往忽略了这一代价，倘若能够将这一代价强制变为一项生产成本，要求在生产的过程中每产生一个单位（公吨）的碳就要缴纳一定的税，就能让他们为其产生碳排放而造成的社会代价负责。

假如边际产量的价值比碳的成本高，会发生什么？A 的生产情况会控制在 Ea 处，B 会控制在 Eb 处。此时 A 的代价是什么？Ea 与 Oa 之间的三角形是 A 因控制排放而失去的经济产量（原本可以生产到 OA，但因碳税的成本而只会到 t* 与 Ea 的交界点）。这样一来，虽然失去了一部分经济产量，但因此而减少的碳排放却更有意义。

实行碳税的好处在于，作为一种监管方式，EPA 无需告知企业要生产多少，只需确定碳的社会价值，其他的就都交给企业自己决定，但只要排放了碳就要缴纳碳税。一个极其基础的经济观表明，在此过程中制定合理的碳税价格至关重要，这也是为什么白宫在 2013 年曾花费诸多精力来制定一个合理的碳税价格。价格过高会失去太多有价值的经济产量，过低则无法有效控制温室气体的排放量。价格制定合理，每个经济行为体才会通过这一市场信号做出理性计算并理性行事，就不再会出现外部效应了。这种方式会带来一定弊端，因为在此之前我们能有更多的经济产量。的确如此，但在此之前我们也有更多的温室气体排放量，而且排放的代价远大于失去的经济价值。因此虽然该方式在经济层面并非理性，却使得国家或企业在经济产量价值和未被温室气体污染的空气价值之间做出了最优权衡。

2. 总量管制和交易

第二种机制是总量管制和交易。这种机制更加直接，EPA 直接告知不同的企业和个体其许可范围内的最高碳排放量是多少。不同于碳税直接通过价格进行干预，总量管制和交易是通过对"量"进行干预，进而自发生出一个合理的价格。这两种方式都利用了市场，一种是通过管理价格让排放量下降；一种

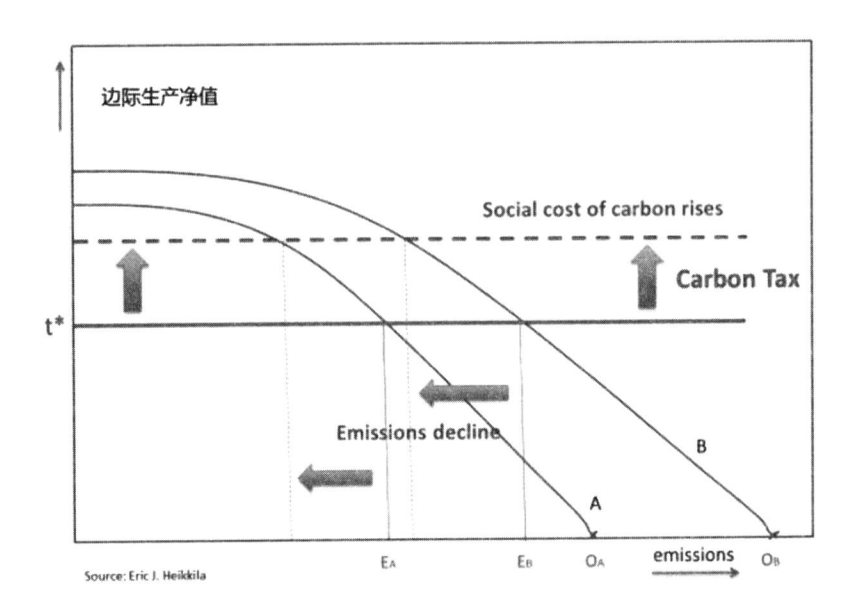

图8 中国崛起增加碳的社会成本→美国碳税增加→美国排放量下降

是通过管理排放量，让价格下降。图8中所示的是碳排放与边际产量净值的关系。假设你是A公司的老板，你会让公司尽可能多地生产产品，但在生产的同时会产生碳排放，这并非是个刻意造成的结果。EPA告知你最大排碳量是多少，此时假设你的公司可以多排放1单位的碳，你能多得到的价值就是边际产品价值，也就是图中曲线所显示的。那么现在B公司因生产技术更发达，其每多排放1单位的碳所生产的边际产量价值更高。此时A与B都想生产出更多价值，由于对B来说1个单位的碳所能生产的价值更大，B也更想多得到这1单位。我们所做的不仅仅是"总量管制"，在"总量管制与交易"中还有"交易"。

A与B之间会进行交易。图9中所示我们假设政府分别为A和B提供同样的限额——碳信用（carbon credit），即红线E*所示处，此时 B 会建议 A 做什么呢？A、B 此时的碳信用价值分别是其曲线与 E* 的相交点，B 高于 A。我们假设 A 此时产生的价值为 6 元、B 为 10 元，B 有可能以 8 元的价格换取 A 的 1 单位碳信用。这样一来，对 A 来说，这部分碳信用原本只能生产 6 元价值，如今却可获得 8 元，利润 2 元；而对 B 来说，获取这部分碳信用可生产 10 元价值，如今却只支出了 8 元，利润同样是 2 元。这样的交易可以分散因生产技术不同而产生的差异，因此我们就要建立起边际产量和不同产业碳排放情况之间的关系，毕竟有些产业污染较轻，有些则污染严重，此外这一模式也与产业创造的价值量有关，有些产业创造的产品可能价值很低。

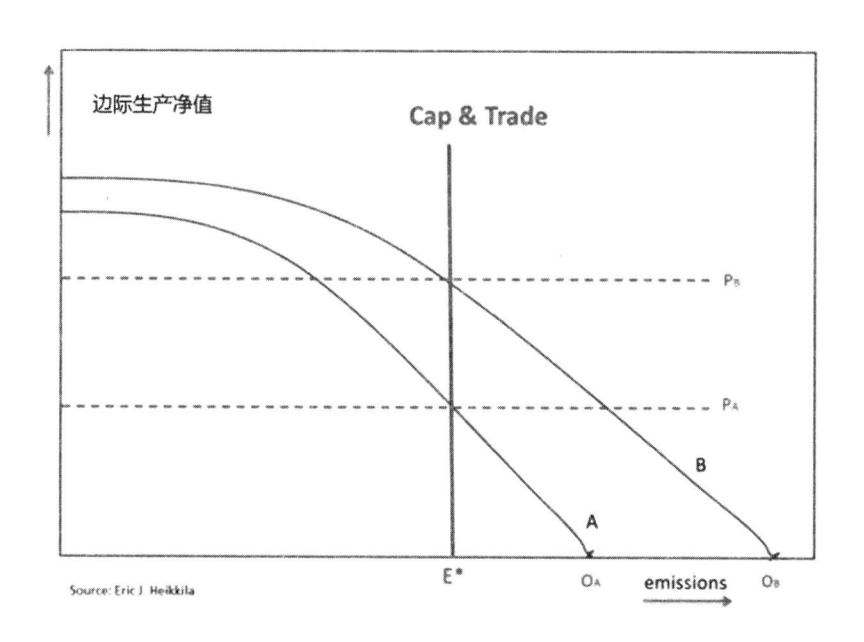

图 9　排放总量限制→价格由内生性决定

总结起来，这两种方式，第一种是通过碳税划定碳排放单价，迫使公司或国家找到符合自己的碳排放量。第二种是限制碳排放总量，之后让公司或国家间进行交易，以这种方式实现经济利益最大化。因为一方的生产量会因出售了一部分碳信用而开始减少，同时另一方的生产量则会因此而增加，最终的交易价格会使碳信用对二者具有同等的价值，此时双方均不能再通过交易而获益。倘若"碳税"制定合理，就能够得到一个适中的碳排放量；倘若"总量限制"合理，就能得到最优的交易价格。这两种方式均有效，只是有不同的信息需求和不同的监管制度。

我个人更偏向于"碳税"机制，因为我认为这种机制没有那么强的侵略性，只要为碳排放缴纳碳税，其他的就可以自己决定，我更喜欢这种采取非强硬手段进行干预的方式。但同时我也承认，"碳交易"的方式对处理全球气候变化问题更加合适。因为当中、美、法、印等国在谈判时谈的不是碳税，而是碳排放量，比如中国会承诺减少某一个量的排放，美国也会承诺减少某一个量的排放。如果从国际关系层面看，谈判就是在谈碳排放上限，各国都想让其他国家多减少一些，但最终各方都不得不做出一定让步。协议达成之后也就相当于向世界做出了承诺，既然做了承诺就必须执行，即使有异议也不得不落实，所以各国必须回归关注国内事务。明确了目标，我认为之后让国家内部自行想办法，通过内部的碳总量限制和交易等方式达成这一目标是有可能的。或者，我们还可以对全球实行总量限制和交易，目前也已经有了这样的市场，但也只是刚刚取得一定进展。的确，创造碳交易市场并不容易，之后要让其运转也需要一些强制措施，这也不是个简单的游戏，但我们还是要继续减轻碳排放。

三、适应（Adaptation）

我们一直在努力去缓解气候变化问题，但不幸的是，即使尽了最大努力，这一问题却仍在扩大，那么我们该如何做呢？我们要去适应后果。不久前我刚发表了一篇有关城市的适应的文章，文章基于我在越南胡志明市（Ho Chi Minh city）和芹苴市（Can Tho）进行的调查研究。

适才我们已经用成本效益的方式讨论了气候变化问题。简单的经济学分析表明，不同的适应活动一定会产生与之相关的边际效益，同时也会具有一定成本，适应活动进行的过程中，当边际效益无法弥补边际成本时，适应活动便无法再继续下去。这一原则很简单，但在适应环境变化时如何加以运用则是问题的关键。再强调一下，不同的适应活动会有不同的效益与成本，所以理论上我们知道，我们想要做什么，但问题是这些理论并不能直接为城市提供解决问题的方案，所以我这篇文章的目的就是要努力把观点变为实际的解决方案。

我先向大家展示一些结论。不同的适应方式包括构筑堤坝、适应性建筑、增高路面、修筑排水渠、适应性土地使用等。我们主要研究了三大类适应的方式，并对每一类都举例加以说明。某些策略只在特定条件下才有效而在其他条件下并不起作用，所以我们要做的就是确定使用某项策略的理想条件，这样市长们就不用再看这些看不懂的图表，只需告诉他们，这些是你能做的，这些条件更适合实行这一策略，而这些条件则不太有利。这样市长们就能对照本市的情况和条件，找到最适合该市的策略。这是我们最终的研究成果，不是凭空编造的，而是根据阅读、研究、分析最后得出的结论。

三大类适应变化的方式，其中之一是改变物理环境。洪水在城市是种物理现象，是由地形这一物理环境造成的。因此我们要考虑是否能通过改变地形的方式来最大程度地降低洪水的代价，但成本也不能太高，我们要考虑成本效益策略，并称之为"适应性地形"。其中一种方式是建立排水渠，荷兰就因其广泛的排水系统而闻名。因荷兰本身是位于海平面之下，只有拥有强大的排水系统才能让人民免于生活在齐膝深的水中。

图10 自适应体系结构

2004年，"卡特里娜"飓风席卷美国新奥尔良市，这次灾害与气候变化有关，造成了史无前例的损失。在"卡特里娜"飓风之后，新奥尔良市开始修建堤坝和安装水泵。需要注意的是，建的墙越高花费越多，所以需要综合考虑洪水状况、建墙高度和政府预算等因素。第二个例子是图 10 中越南芹苴市（Can Tho City）的建筑。芹苴居民很早之前就改善低洼市区的建筑结构，使它们不容易受到洪水的破坏。最后一个例子是胡志明市第六郡的道路。第六郡人口密集，很多贫困的移民居住在破旧的建筑里。他们修建的道路比一般的道路要高一些，因为他们不希望道路受到洪水影响，这些升高的道路无意中成了阻隔社区内积聚的雨水的堤坝，如图 11 所示。因此，他们解决一个问题的同时也制造了一个问题。

图 11　交互作用：作为附属基础设施的街道

我们已经讨论了一些改造物理环境的方式，另外一种更简便的方式是选择居住的环境，例如住在高地而不是选择住在洪灾频繁的低地，以减少遇到灾害的可能性。事实上，土地市场在一定程度上作为保险市场（Insurance Market）发挥作用。让我们假设该教室的一半是低洼地带，另一侧是高地。如果两边房子条件一致，哪边的损失更大？一旦发生大水，显然低地的民房更容易受损。如果高地和低地的房价一致，我一定会买处于高地的房子，因为受灾的可能性低。所有的理性人都会像我这样想，所以大家都去买高地的房子，这时会发生什么？显然是高地的房价升高，没人买低地的房子，低地的房子价格下降。所以房价市场的背后隐含着保险市场。

图 12

"适应"(Adaptation)还包括灾后适应(Adapting after the Fact)。我喜欢上边这张摄于菲律宾的照片图12。洪灾发生后，人们需要采用一种新的生活方式以适应灾后环境，两个戴墨镜小男孩却在皮筏艇上玩得很开心。洪水对爱玩的小孩子来说是好事，但是大人们有自己的房子、工作和责任，他们不可能在皮筏上坐着玩儿，而是需要应对灾情。

四、城市（Cities）

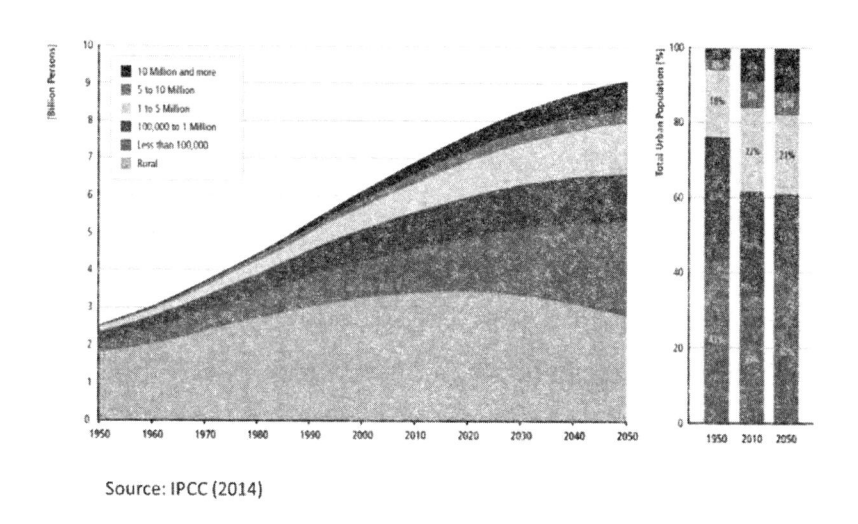

图13　都市的世界

最后一部分关于城市。不管在上海还是洛杉矶，大多数人住在城市。如图13所示，黄色部分代表乡村，剩下的颜色代表城市，颜色越深代表城市规模越大。深蓝色代表超大城市，这些城市至少有1000万人口，例如上海；浅蓝色则代表小城市。我们可以看到1950年以来城乡人口的情况，如今大部分人住在城市而非乡村，就城市居民来说，居住在小城市的人口总和大于大城市人口的总和。

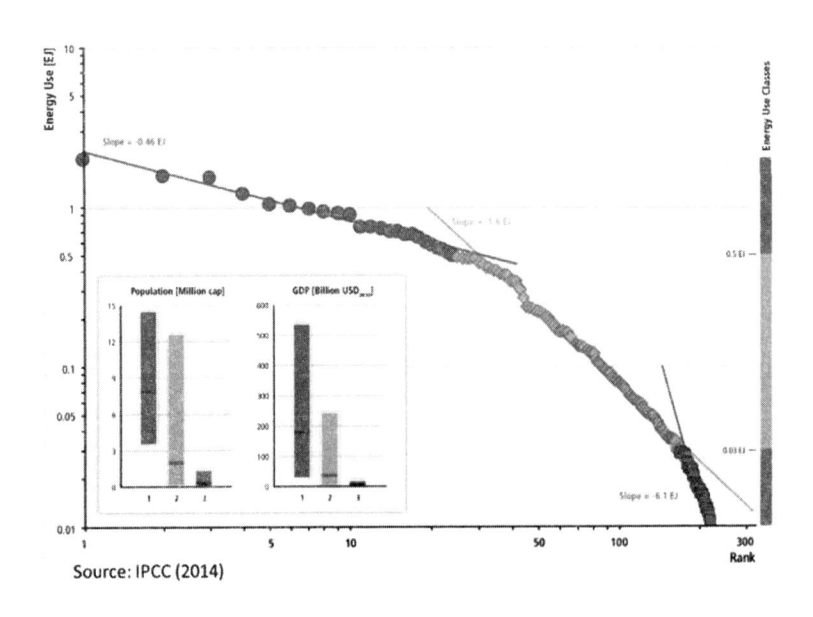

图 14　能源使用和城市等级规模

在能源利用方面，图 14 显示大城市的利用效率更高。一座大城市的能源消费量高于一座小城市，但是人均能源消费量少，所以在一定程度上大城市在能源应用方面更加有效。

在政策方面，图 15 反映了治理气候变化的政策领域城市的影响较小。从政策的角度看，改变经济地理、收入/消费对温室气体排放的影响大，但不幸的是城市在该领域拥有的政策杠杆小。

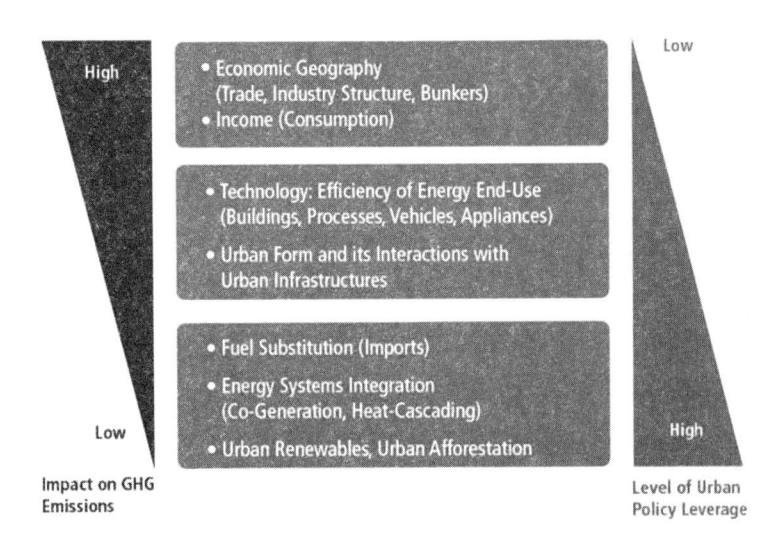

图 15 如何使政策工具更有效？

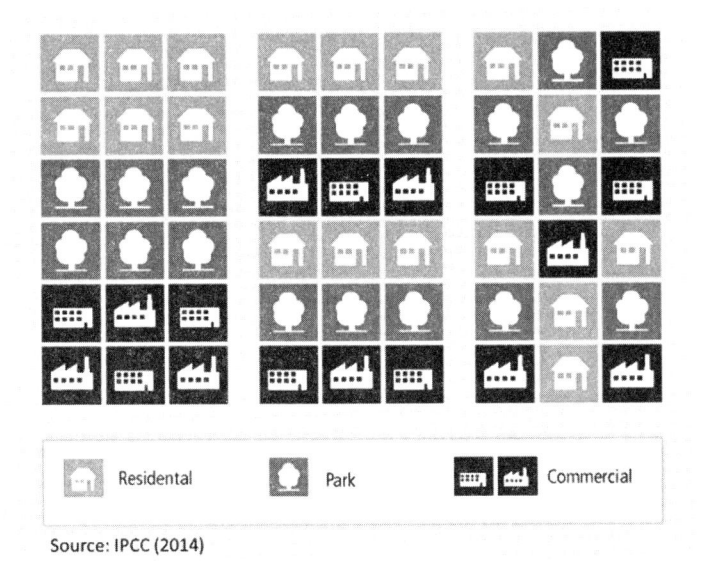

图 16 如何配置城市用地？

但是我们在配置城市用地方面可以有所作为。图 16 中黄色图标代表居住用地，绿色图标代表公园，蓝色图标代表商业用地。在上图反映的三种不同的配置形式中，各自的居住用地、公园用地和商业用地的总量都是一致的，不同之处在于配置的方式。一个有趣的研究问题是：哪一种配置方式最好？哪一种方式对温室气体数量的影响最大？这个问题仍在讨论中。至今没有充足的科学证据表明哪一种方式更好。但目前达到的共识是，混合配置三种用地更好，新加坡在平衡土地利用方面是一个好的例子。总之，这是一个前沿领域，需要在城市治理方面的进一步研究。

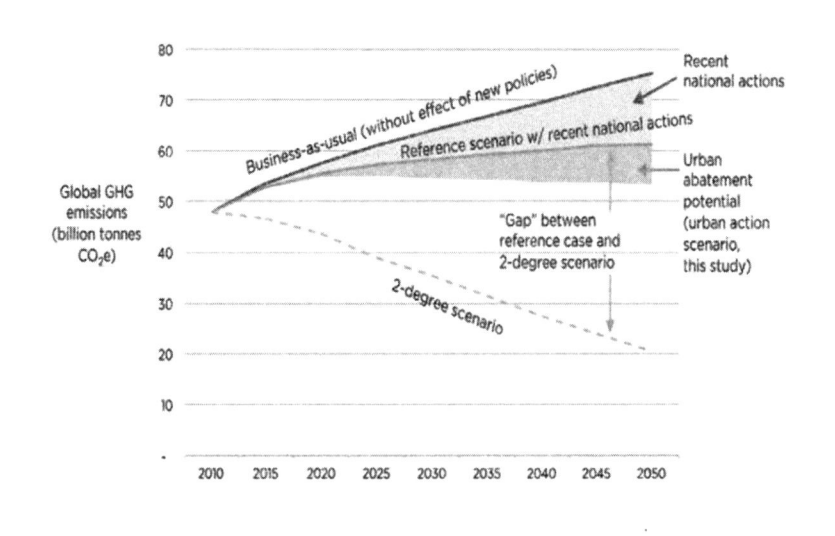

Source: C40 (2014)

图 17　城市可以缩小差距

在城市合作方面，我们可以参见图 17。图 17 来自 C40 城市集团，它由世界上 40 座城市组成，成立于 Michael Bloomberg 担任纽约市长之时。Bloomberg 说，环境变化太重要了，以至需要国际合作，城市应该在其中起到引导的作用，他倡导城市之间进行广泛的合作。现在我们回到这张图，图中的红线代表不采取任何措施情况下的经济发展，即如果不采取行动，一如既往按原来的方式发展经济，那么温室气体排放会越来越多；如果采取一定措施，会产生一些积极影响。所以我们应该控制气温增长在 2 度内甚至更低，否则问题会变得非常严重，但事实是，我们需要做的和我们正在做的存在差距。总之，城市合作可以发挥一些积极影响，但是不能解决所有问题。

图 18　你的城市是这样的吗？

最后我们来看一下这张图 18，这张图或许是荷兰的阿姆斯特丹。很多人骑自行车，这有利于减少温室气体排放。1980 我第一次来中国，1997 年第二次来，之后的每年都来几次中国。也因此见证了中国的很多变化。在 1980 年代甚至是 1997 年，骑自行车的人到处都是。但是现在，很少有人乐意骑自行车而是选择开宝马车等，人们认为"只有失败者才骑自行车"。但是在其他国家，人们鼓励骑自行车。我相信中国人会重新骑回自行车。